기독교문서선교회 (Christian Literature Center: 약칭 CLC)는 1941년 영국 콜체스터에서 켄 아담스에 의해 시작되었으며 국제 본부는 미국 필라델피아에 있습니다.
국제 CLC는 약 650여 명의 선교사들이 59개 나라에서 180개의 서점을 운영하며 이동 도서 차량 40대를 이용하여 문서 보급에 힘쓰고 있으며 이메일 주문을 통해 130여 국으로 책을 공급하고 있는 국제적 문서선교 기관입니다.

추천사 1

김 재 성 박사
전 수도국제대학원대학교 부총장, 현 초빙교수(조직신학)

개혁 신학의 핵심 진리를 압축한 저서

　유럽에서 일어난 16세기 종교개혁은 오직 성경의 가르침에 따라서 신앙을 정립하려는 노력들이었다. 칼빈의 제네바 교리문답서와 독일에서 나온 하이델베르크 요리문답서는 참으로 소중한 노력의 산물이었다. 성경에 담긴 다양한 사건과 교훈들을 압축해 놓은 이 문답서들은 로마 가톨릭의 왜곡과 전통이라는 이름으로 강요된 성례 제도의 근간을 혁파시키는데 큰 기여를 하였다.
　이들 두 문답서를 통해서 당시 성도들은 기독교 신앙의 참된 맛을 되새길 수 있었다. 오늘날과 같이, 일반 대중들의 교육이 보편화되지 않았던 시대였고, 문자 이해의 부족만이 아니라 출판된 문서 자체가 귀하던 시대였기에 이들 교리문답서들은 성도들의 양육에 근간이 되었던 것이다. 법학도로 성장한 칼빈은 성경을 연구하는데 심혈을 기울이면서, 진리의 총체적 면모를 재정립하였다. 그가 성도들과 자녀들에게 제공하였던 교리문답서는 여전히 오늘날에도 우리에게 도움을 준다.
　하이델베르크 요리문답서를 작성한 두 젊은 신학자들이 칼빈의 저서를 활용하여 작성하였기에 모두 다 일관된 안목으로 정리된 것이다. 저자가 이러한 배경을 충분히 연구한 후에, 오늘날 한국 교회의 성도들을 위하여 본서를 출간하게 된 것은 크나큰 축복이 아닐 수 없다.

추천사 2

안 명 준 박사
평택대학교 명예교수, 한국성서대학교 초빙교수

　교리 교육은 기독교 신앙을 지탱하는 근본적인 도구이다. 기독교의 핵심 교리를 어릴 때부터 배우고 삶에서 실천한다면, 이런 교육을 받은 성도는 쉽게 흔들리지 않고 세상을 변화시키는 힘을 갖게 될 것이다. 이런 중요한 교리 교육의 모범이 되는 칼빈의 『제네바 교리문답과 하이델베르크 요리문답 비교』를 연구하여 출판한 것은 위기 속에 있는 한국 교회의 뼈대를 굳건하게 하는데 큰 도움이 될 것이다.

　본서는 비교 연구를 통해 각각의 교리문답서가 지닌 독창성과 발전적 요소, 그리고 공통된 중요성을 조명하며 신앙생활의 실천이 얼마나 중요한지를 다시금 강조한다. 현재 한국 교회는 성장기를 지나 쇠퇴기에 접어들었고, 다음 세대를 위한 깊은 고민에 직면해 있다. 국가적으로 인구가 감소하는 상황 속에서 교회는 더욱 심각한 위기를 맞고 있다. 게다가 한국 교회는 사회로부터 신뢰를 잃어가며 그리스도인들의 영향력 또한 점점 약해지고 있다. 이러한 때에 다음 세대를 위한 교리문답서의 중요성과 그 실천을 위해 본서가 큰 도움을 준다.

　본서는 교리문답이 단순한 교리 암송집이 아니라 우리의 신앙생활을 올바르게 이끄는 실제적 지침임을 강조한다.

오늘날 한국 교회는 제자훈련 관련 서적이나 다양한 큐티(QT) 책들이 인기를 끌고 있지만, 근본적으로는 교리문답서를 먼저 배우고 가르치며 실천하는 것이 우선임을 잊지 말아야 한다. 올바른 정통 교리의 뿌리가 없다면 성경 공부는 허공에 흩어지고, 성경적 신학의 뼈대가 없다면 쉽게 무너지고 만다. 더욱이 이단들이 퍼뜨리는 거짓 교훈에 맞서 이를 분별하고 무너뜨릴 수 있는 비결은 바로 철저한 교리문답 교육에 있다. 이런 면에서 신앙 교육서의 가치는 아무리 강조해도 지나치지 않다. 신앙 교육서는 성경의 핵심 내용을 요약해 주고 올바른 성경 이해를 돕는 것은 물론, 무엇보다 이단의 거짓된 교훈과 잘못된 신앙과 생활을 막아 주는 중요한 역할을 한다.

한국 교회를 바르게 개혁하기 위해서는 참된 교리 교육을 강화하고, 배운 교리를 바탕으로 바른 신앙생활을 실천할 수 있도록 돕는 일이 필수적이다. 이 일을 위해 본서가 매우 소중한 역할을 할 수 있기에 기꺼이 강력히 추천한다.

제네바 교리문답과 하이델베르크 요리문답 비교

A Comparative Study of the Geneva Catechism and the Heidelberg Catechism
Written by Geum Seok Lee
All rights reserved.
Korean Edition Copyright ⓒ 2025 by Christian Literature Center, Seoul, Korea.

제네바 교리문답과 하이델베르크 요리문답 비교

2025년 11월 15일 초판 발행

지 은 이 | 이금석

편　　집 | 정희연
디 자 인 | 소신애
펴 낸 곳 | (사)기독교문서선교회
등　　록 | 제16-25호(1980.1.18.)
주　　소 | 서울특별시 동대문구 천호대로71길 39
전　　화 | 02-586-8761-3(본사) 031-942-8761(영업부)
팩　　스 | 02-523-0131(본사) 031-942-8763(영업부)
이 메 일 | clckor@gmail.com
홈페이지 | www.clcbook.com
송금계좌 | 기업은행 073-000308-04-020 (사)기독교문서선교회
일련번호 | 2025-86

ISBN 978-89-341-2881-6 (93230)

이 책의 출판권은 (사)기독교문서선교회가 소유합니다.
신저작권법에 의하여 한국 내에서 보호받는 저작물이므로 무단 전재와 무단 복제를 금합니다.

제네바 교리문답과 하이델베르크 요리문답 비교

이금석 지음

CLC

목차

추천사1 **김재성 박사** | 전 수도국제대학원대학교 부총장	1
추천사2 **안명준 박사** | 평택대학교 명예교수	3
저자 서문	10

제1장 서론   12

   1. 문제 제기   12
   2. 연구 방법   21

제2장 신앙 교육서의 문법적, 역사적 이해   24

   1. 요리문답의 어원   24
   2. 요리문답의 기원과 역사적 개요   25
   3. 신앙 교육서의 필요성   28

제3장 신앙 교육서의 역사적, 신학적 배경과 저자   30

   1. 칼빈   30
   2. 우르시누스   58

제4장 제네바(1542)와 하이델베르크(1563) 신앙 교육서   69
   1. 제네바 신앙 교육서의 구조와 영향   69
   2. 하이델베르크 신앙 교육서의 구조와 영향   75

제5장 제네바(1542)와 하이델베르크(1563) 신앙 교육서의 비교   81
   1. 인생의 목적   86
   2. 인식과 위로   87
   3. 믿음(신앙)   98
   4. 사도신경   104
   5. 하나님을 아는 지식   109

제6장 결론   119
   결론   119

참고 문헌   129

저자 서문

이 금 석 박사

수도국제대학원대학교 목회대학원 교수

십자가교회 담임목사

　제네바 교리문답 서문에서 칼빈은 본 교리문답이 교회 일치를 위하여 기여하는 것이라고 대담하게 선언한다. 참된 기독교 교리의 수호만이 종교개혁운동의 완성을 가능하게 한다고 믿는다. 이러한 교리문답을 통해 교회가 이단의 가르침에 현혹되고 분열되는 것을 막을 수 있다. 인간의 삶의 가장 중요한 목적은 무엇인가 그것은 인간을 창조하신 하나님을 인식하는 것이다. 제네바 신앙고백 제1항은 인간은 창조자 하나님의 피조물이라는 사실을 고백하는 것이라고 하며 인간의 유한함과 대립되는 무한하신 하나님을 경배할 것을 가르친다.

　또한, 하에델베르크 요리문답은 1563년에 작성되었는데, 칼빈의 제네바 신앙고백서를 포함하여 개혁파 교회의 여러 고백서가 참조되었고 내용이 온건하고 중용적 성격을 지녔다. 1568년 베젤 대회 때에는 네덜란드 개혁교회가 반드시 가르쳐야 할 신앙고백서로도 채택되었었다. 1619년 네덜란드 도르트레이트에서 모인 도르트 회의에서는 이 교육서를 네덜란드 개혁교회의 공식 신앙 교육서로 받아드리기로 결의하였다.

윌리엄 에임스에 의하면 신학은 교리와 실천으로 정의할 수 있다. 제네바 교리문답서가 그렇다. 신앙이 믿음과 행함으로 이루어졌듯이 제네바 교리문답서와 하이델베르크 요리문답서도 전반부의 하나님에 관한 교리를 통한 믿음과, 후반부의 신앙생활의 지침을 통한 실천, 두 부분으로 나누어진다. 필자는 본서의 서론을 신앙 교육서의 신학적인 부분과, 신앙 교육서를 통한 바른 신앙의 실천적인 두 부분으로 나누었다.

본서는 <제네바와 하이델베르크의 신앙 교육서 비교 연구>라는 저자의 Th.M. 논문을 책으로 내는 것이다. 오랜시간 동안 이러한 날이 오기를 기다렸다. 훌륭한 교리문답들을 기독교의 부흥을 위해 더 많은 사람에게 알리기를 원했다.

본서가 나오기까지 논문을 지도해주신 김홍만 교수님과 김재성 교수님께 감사를 드리고, 항상 사랑으로 응원해주시고 진심어린 조언과 도움을 주시는 안명준 교수님께 감사를 드린다. 물심양면으로 목사님을 지원하며 따르고 함께하는 성도들을 축복한다.

훌륭한 공학자의 길을 가는 병현이, 헌신과 기도를 아끼지 않는 이은경 권사님, 이미숙 권사님, 항상 사랑과 헌신으로 섬기는 옥수, 새암, 열정으로 순종하며 헌신하는 김선옥 전도사님, 교회를 사랑하는 이경미 집사님께 감사의 마음과 뜻을 전한다. 본서가 나오기까지 지원해주시고 도와주신 기독교문서선교회(CLC)의 박영호 대표님께 감사하고, CLC 관계자님들께 다시 한번 감사인사를 드린다.

끝으로 나의 목회와 학문의 길에서 늘 함께 동행해주는 나의 사랑하는 아내 김선미 사모와 아버지의 연구하는 모습을 기도하며 기뻐해주는 딸 온유를 축복하고 사랑한다. 모든 영광과 기쁨은 하나님께 올려드린다.

제1장

서론

1. 문제 제기

　신학 개론의 목적으로 임마누엘대학교, 라이든대학교, 하버드대학교, 예일대학교 학부생들이 필독서로 라틴어본으로 읽어야 했고 한 세기 반 동안 청교도적 신앙에 지대한 영향을 주었던 윌리엄 에임스(William Ames)의 『신학의 정수』(The Marrow of Theology)에는 이렇게 기록되어 있다.

> 신학은 하나님에 대해 사는 것에 대한 교리 혹은 가르침으로 정의할 수 있다. 신학을 교리라고 지칭하는 것은 하나님의 계시와 지시로부터 유래된 분야라는 것을 명기하기 위해서이다. 또한, 신학은 우리가 하나님에 대해 사는 선한 삶으로 정의될 수 있다. 신학적 삶의 본질은 하나님에 대해 사는 것이다. 산다는 것이 모든 것 중 가장 고귀한 일이기 때문에 사는 것에 대한 학문보다 더 적절한 연구는 존재하지 않는다. 그러한 이유로 신학의 모든 내용은 실천과 직접 연관된다.[1]

---

[1] William Ames, 『신학의 정수』(The Marrow of Theology), 서원모 옮김 (고양: 크리스챤다이제스트, 1992), 109-111.

즉, 윌리엄 에임스에 의하면 '신학 = 교리 = 실천'으로 정의할 수 있다. 제네바 교리문답서(1542) 또한 마찬가지다. 전반부는 우리 신앙의 가장 핵심되는 뼈대를 세우는 부분으로 하나님은 어떤 분이신지, 삼위일체가 무엇인지, 창조나 인간의 타락 등 하나님에 대한 교리적 기초가 되는 내용이다. 그리고 후반부는 전반부를 통해 배운 하나님에 대해 우리가 어떤 의무를 지느냐라는 이야기다. 이를테면 실천(Practice)에 해당하는 부분이다.

신앙이 믿음과 행함으로 이루어졌듯이 제네바 교리문답서와 하이델베르크 요리문답서도 전반부에 하나님에 관한 교리를 통한 믿음과 후반부에 신앙생활의 지침을 통한 실천, 두 부분으로 나누어진다. 그래서 본서의 서론은 신앙 교육서의 신학적인 부분과 신앙 교육서를 통한 바른 신앙의 실천적인 두 부분으로 나누어 문제를 제기하고자 한다.

1) 실천적 문제 제기

1960년대 이후로 한국 교회는 기독교 역사상 유례를 발견할 수 없는 양적 성장과 물질적 팽창을 이룩하였다. 세계에서 가장 큰 50대 교회 가운데 26개의 교회가 한국에 위치할 정도로 한국 교회는 선교의 기적을 이루었다. 통계상 국민의 25% 이상이 기독교 신자로 등록했으며 기독교가 한국의 국가 종교가 되어야 한다고 말할 정도로 성장했다.[2]

그러나 세계 교회의 주목을 받을 만큼 괄목할 만한 성장을 이룬 오늘날 한국 교회가 사회에 대한 영향력은 미미할 뿐이다. 오히려 교회가 상업화되고 세속화되었기에 사회로부터 비난의 대상이 되고 말았다. 인본주의와

---

2 황병만, "칼빈의 성화론과 사회 윤리적 적용" (신학석사학위 논문, 국제신학대학원대학교, 2010), 1.

의 혼합에 의한 여러 부작용이 부흥운동에서 나타나기도 하였고 소위 성령운동이라고 하면서 샤머니즘과 혼합되어 부작용을 나타내기도 했다. 일부 몰지각한 성직자들의 비양심적인 행동 등은 사회에서 인정될 수 없는 세속화의 증후군을 그대로 보여 주고 있다.[3]

한국 교회와 기독교인들은 영적 가치, 신앙적 가치를 말로만 외칠 뿐 실제로는 성공주의, 물질주의 등 세속적 가치에 집착하는 모순을 드러내고 있다.[4] 또한, 교단별 갈등이나 교단 내부의 갈등도 많은 것이 개신교의 현실이다.

교인들의 숫자는 많이 늘어났지만, 구원의 도에 대해서 깨닫고 체험한 자는 많지 않다. 오늘날 많은 교인이 구원과 은혜의 방법과 수단에 대해서 무지한 상태이다. 교회가 급속도로 부패하고 세속화되는 상황의 원인이 바로 여기에 있다. 참된 교인이라면 과연 자신에게 구원의 은혜가 있는지, 혹은 자신이 사도들 이래 개혁자들을 통해서 전하여진 바른 구원의 가르침을 받았는지를 확인해 보아야 한다. 그렇지 않으면 잘못된 가르침 속에서 거짓 구원을 확신하다가 멸망에 처할 수도 있다.[5]

김홍만은 『당신의 구원을 점검하라』라는 책의 서문에서 다음과 같이 말하고 있다.

> 하나님의 은혜로 개인에게서 일어난 회심과 갱신의 역사가 교회의 모든 성도에게로 번지게 된다면 그것이 부흥되는 것이다. 그리고 이런 특정한 교회의 부흥이 그 지역 혹은 다른 많은 교회로 번지게 되면 그것이 바로 대부흥이며 그러한 부흥의 불길이 전국적으로 번지게 되어 나라와 사회가

---

3 최재선 외 5인, 『현대사회와 종교』(서울: 바울서신사, 1991), 252.
4 이원규, 『한국 교회의 현실과 전망』(서울: 성서연구원. 1996), 55-58.
5 김홍만, 『선택받음』(서울: 생명의말씀사, 2008), 6-7.

개혁되는 것이 영적 대각성이다.[6]

그리고 두 가지 예를 들었다.

첫째, 조나단 에드워즈(Jonathan Edwards, 1703~1758)는 자신이 목회하는 노샘프턴 지역의 많은 사람이 자신의 구원에 대해서 거짓된 확신이 있는 것을 알게 되었고, 그들을 깨우치기 위해 '이신칭의' 교리와 구원의 원리에 대해 강론하였다. 그때가 1734년 11월이었는데, 에드워즈의 교리적 설교 위에 성령이 강력하게 임하시어 회심의 역사가 폭발적으로 일어났으며, 이것이 노샘프턴 부흥이 되었다. 이러한 역사는 중부 지방의 장로교회에서도 일어났다.

당시 교인들은 구원에 대해서 잘 모르면서도 자신이 구원받았다고 생각하고 있었다. 이에 길버트 테넨트를 비롯한 경건한 목사들은 교리적 설교를 통하여 교인들을 깨우치기 위해 노력하였으며, 바로 그 위에 성령이 크게 역사하시어 거짓 확신이 있던 사람들이 온전히 회개함으로써 영적 대각성이 일어난 것이다.[7]

이처럼 개인의 회심이 부흥을 이루고 교회와 나라와 사회가 개혁되는 영적 대각성을 이루는 곳에는 교리가 그 중심에 있었다. 최근 명색이 기독교 국가였던 영국에서는 십자가를 장신구로 착용했다는 이유로 공공기관과 직장에서 추방당한 사건이 벌어졌다. 미국도 여기저기서 그런 조짐들이 벌어지고 있으며 우리나라도 그런 부류의 바람이 불기 시작하고 있다. 세상과 타협할 수밖에 없는 수많은 상황이 사람들 앞에 있고 세상은 그런 상황들을 교묘히 이용해 사람들에게 압력을 가한다.

---

[6] 김홍만, 『당신의 구원을 점검하라』(서울: 지평서원, 2009), 7.
[7] 김홍만, 『당신의 구원을 점검하라』, 8-9.

그러한 사람들에게 교리문답은 하나님에 대한 신뢰와 나약한 인간의 한계를 이야기하며 나를 믿는 게 아니라 하나님만을 신뢰하는 것을 가르친다. 그리고 명확하게 인간의 한계를 깨닫고 하나님을 신뢰한다면 절대 굴복하지 않게 될 것이다. 성도 개개인의 실천적 삶에서 교리의 역할은 이토록 중요하다.

둘째, 칼빈(John Calvin, 1509~1564)은 그 시대에 복음의 진리를 바로 지키지 못하고 있는 로마 가톨릭교회를 보면서 복음의 진리를 지키기 위하여 모든 노력을 아끼지 않았다. 존 칼빈은 제네바 교리문답서 서론에서 이렇게 말했다.

> 신앙의 일치가 가시적으로 나타나기 위하여 우리는 노력해야 한다. 이것에 신앙고백이 이 목적을 위하여 기여한다. 단순히 신앙론에 대한 일치가 아니라, 모든 교회가 공동의 교리문답을 간직하게 되기를 희망한다.[8]

또한, 칼빈은 "어떠한 문서도 요리문답 이상으로 우리 교회 안에서 교리의 일치에 관하여 해명할 수 없다"라고 말하면서 모든 성도가 공유하고 있는 교리와 일치되는 부분만을 출판했으며 그것은 그리스도와 관련된 일치된 교리를 간직하고 상호 간에 인정할 수 있기 때문이었다.[9]

칼빈은 신앙의 일치를 통해 교회의 일치를 소망했다. 종교개혁 시대 교회개혁을 통한 신앙의 일치와 교회의 일치에 성공할 수 있었던 중요한 이유 가운데 하나는 시민들의 개혁 신앙을 굳건히 해줄 수 있는 교리문답서의 저술과 신앙고백, 그리고 실천 의지가 있었기 때문이다. 칼빈의 제자 베자(Theodore Beza)는 "개혁교회는 항상 개혁되어야 한다"는 말을 하였다.

---

[8] John Calvin, 『요한네스 칼빈의 제네바 교회의 교리문답』(*Catechismus Ecclesiae Genevensis*), 박위근, 조용석 옮김 (서울: 한들출판사, 2010), 33.

[9] John Calvin, 『요한네스 칼빈의 제네바 교회의 교리문답』, 35-37.

오늘날 심각한 타락과 부패 가운데 있는 펠라기우스의 포로가 된 교회와 지도자들에게 교회개혁의 중심에 섰던 종교개혁자와, 교리문답서가 그 해결책이 되길 제시하며 또한 침체된 한국 교회를 일으키고 진정한 복음과 경건의 능력을 회복할 수 있기를 소망한다.

2) 신학적 문제 제기

일반적으로 교리란 기독교 신앙에 대한 성경의 통일적인 가르침을 뜻한다. 다시 말해 교리는 기독교의 구원에 대한 가르침으로 죄인인 인간이 어떻게 구원을 받을 수 있는가에 대한 기독교 구원 진리의 핵심을 뜻한다. 또한, 교리는 윤리적 가르침이기도 한데 구원받은 그리스도인이 어떻게 세상에서 살아가야 할 것인가 하는 삶의 지침을 포함하고 있다. 이 교리는 성경에서 가장 핵심적인 것을 요약한 내용이기 때문에 이 교리를 가리켜 '요리'라고도 한다.

그래서 성도들을 학습시키는 교리문답서를 '요리문답서'라고도 부르며 이 문답서는 질문과 대답의 형태로 만들어졌다.[10]

종교개혁자 마틴 루터는 "카테시즘(Catechism)이란 무엇인가"란 물음에 '이방인이 그리스도인이 되려고 할 때 그들이 기독교 신앙에 대하여 무엇을 알아야 하며, 무엇을 믿어야 하며, 어떻게 행하여야 하는지를 가르치고 배우게 하는 교육적인 행위'라고 정의하였다.[11]

16세기 유럽에 흩어져 있던 다양한 개혁교회들은 박해의 상황 속에서 교회와 신앙의 자유뿐 아니라 순수한 복음을 간직한 교회의 일치를 위하여 자신의 상황에 적합한 신앙고백, 혹은 교리문답을 교육적 의도를 가지

---

10 정일웅, "역사적 카테시즘의 현대 목회적 적용에 대한 연구", 「신학지남」 1997년 겨울호.
11 정일웅, 『21세기를 향한 한국 교회와 실천신학』(서울: 이레서원, 2002), 378.

고 작성했다. 요리문답의 역사는 한 지역에서 자신들의 요리문답을 만들었다가도 인근 지역에서 더 괜찮은 것을 만들면 그걸 수용하면서 발전했고 세계의 모든 개혁파 교회가 시대마다 지역마다 각자 고유의 신앙 교육서를 지니고 있었다.

그중에서도 하이델베르크 요리문답서는 개혁교회에서 특별한 위치를 차지한다. 우선 타의 추종을 불허할 정도로 수많은 언어로 번역됐으며 분열된 여러 개혁교회는 연합하고 요리문답서를 통한 신앙고백을 통해 신앙의 일치를 이루고자 하였다.

그러나 오늘날 대부분의 한국 교회가 개혁 신학을 따르는 교회들임에도 불구하고 한국 교회와 신학은 중요한 신앙고백의 하나인 제네바 교리문답과 하이델베르크 요리문답에 관심을 보이지 않았다. 대부분 칼빈에 대한 서적들은 종교개혁 활동 중의 일부로 제네바 교회를 다루고 있지만, 국내 서적이나 논문에서 제네바의 개혁 활동을 통한 영향력들과 칼빈이 제네바에 가기까지의 정황을 중점적으로 자세히 기록한 것은 많지 않다. 또한, 교회의 개혁 활동과 그 중심에 있는 교리문답서에 관한 자료도 거의 없는 실정이다.

요리문답을 공식적으로 채택하고 있는 장로교만 해도 교리 교육이 전무한 실정이다. 오늘날 사람들이 교회에서 배우는 것은 교리가 아니고 교회생활이다. 처음 나온 사람도 열심히 교회생활을 하면 1-2년 만에 지도자가 된다. 성가대도 하고 봉사도 하고 선교도 간다. 새신자 교육이라는 것도 있지만 피상적이다. 정확하게 교리를 배울 곳이 없다. 오늘날 유행처럼 교회에서 사용하고 있는 전도 책자나 양육교재를 비교해 보면 그 깊이나 내용에 있어 얄팍하고 피상적이며 너무도 상업적이다.

요리문답은 개혁주의를 표방하는 교단의 전유물로 알고 있다. 그러나 개신교는 모두가 종교개혁의 전통에서 출발하였다. 종교개혁의 결과로 정리된 교리이니만큼 보편성이 있는 것이 요리문답서이다. 안타까운 것은 오늘날 교리에 대한 반감이 자리 잡은 것이다.

"17세기 요리문답이라니 너무 낡은 거 아닌가?"

지금도 상당히 많은 사람이 교리는 딱딱하고 고루하고 신앙적인 아집의 도구인 것처럼 이해하고 있으며, 교리를 가르치는 것은 하나님의 은혜와 믿음을 버리고 이성에 치우친 편파적이고 고루한 교인들을 만드는 것으로 생각한다.

그러나 교리의 이해 없이 성경을 공부한다는 것은 개인의 주관의 틀 안에서 성경을 보는 것을 의미하며 이것은 매우 위험한 오류에 빠질 수 있다.[12] 필립 샤프(Philip Schaff)는 그것에 대해 이렇게 말한다.

> 신조들은 성경의 교훈들을 요약해주고, 성경의 올바른 이해에 도움을 주며, 성경 과목을 가르치는 자들을 하나로 묶어 주고, 거짓된 교훈과 생활을 막아내는 데 있어서 공적 표준으로서의 방패가 된다.[13]

칼빈이 본 제네바 교리문답서는 단순한 구절의 암송이 아니다. 문답이라는 것은 질문과 답변이다. 그 자체가 대화이고 소통이다. 교리하면 외워야 하고 아무런 회의나 의심 없이 받아들여야 하는 것, 이런 인상이 강했다. 교회와 성도가 교리와 멀어진 이유 중 하나다.

교회에서 문답식 교육 방법을 택한 이유는 묻고 답하는 방식을 통해 배우는 사람의 형편을 정확히 파악하고 거기에 맞게 가르치기 위한 것이다. 간단한 질문과 대답의 방식으로 신앙의 내용을 체득하게 하였고 그 과정에서 학생이 성경을 찾아보게 하고 확신에 찬 대답을 유도한다. 따라서 요리문답의 답은 단순히 암기하는 것이 아니라 대답하는 사람의 신앙고백이

---

12 김남준, 『교사 리바이벌』(서울: 두란노, 2006), 234-236.
13 Philip Schaff, 『신조학』, 박일민 옮김(서울: 기독교문서선교회, 2000), 12.

다. 그 예가 예수님의 문답식 교육이었다.

주님께서 제자들을 한적한 곳으로 데리고 가신 후에 그들에게 물으셨다.

"사람들이 인자를 누구라 하느냐?"

이어서 계속해서 질문하셨다.

"너희는 나를 누구라 하느냐?"

이것은 "주는 그리스도시오. 살아계신 하나님의 아들이십니다"라는 고백을 끌어내기 위한 것이었다.[14]

역사적으로 교회는 신앙생활을 시작하는 초기에 철저하게 교리를 가르치지 않으면 이후 그들의 신앙은 신뢰할 수 없는 종교적인 경험에 그치기 쉽고 부패와 타락의 길로 간다는 것을 보여 주고 있다.

> 종교개혁자들에 의해 잘 이어져 오던 교육의 내용이 오늘날에는 왜 그토록 진부한 것으로 바뀌었을까?
> 한국 교회의 신앙 교육 문제는 무엇 때문일까?
> 과거 종교개혁 시대 빛을 발했던 교회개혁의 기초요 산실이었던 것이 오늘날 쓸모 없는 존재로 여겨지는 이유는 무엇인가?

그것은 바로 교리에 대한 체험의 부재 때문이다. 이성적인 세뇌된 교리주의자가 아니라 교리의 문답을 통하여 하나님을 깊이 알아감으로 하나님을 경험하여야만 하는 것이다. 교리를 가르치는 일을 등한시하기 때문에 아무리 오래 믿어도 신앙의 견고함이 없고 얄팍한 종교의 체험을 따라 이리저리 흔들리는, 감성적이고 나약한 영향력 없는 그리스도인들이 만들어

---

[14] 이경화, "학생 요리문답의 신학적 분석 및 한국에서의 적용 가능성 연구", (신학박사 학위 논문, 계명대학교대학원 2010), 9.

지고 있다.

오늘날 많은 목회자가 교회가 개혁되어야 한다고 말한다. 그러나 무엇을 어떻게 개혁해야 할지는 잘 파악하지 못하고 있다. 단지 외형적인 제도의 개선안을 이야기하는 경우가 대부분이다. 그러나 교회개혁, 혹은 종교개혁은 잘못된 교리와 오류를 바로잡고, 잘못된 교회 구조를 정화하는 것을 말한다. 교회사 속에서 루터, 칼빈 그리고 청교도들이 이룬 것이 교회개혁이다. 이러한 종교개혁자들은 먼저 교회의 문제점을 신학적으로 인식하였고, 못된 교리와 신학적 가르침을 철저히 파헤쳤다.

왜냐하면, 교회의 문제점들은 잘못된 교리와 가르침으로부터 시작하기 때문이었다. 따라서 오늘날 교회개혁을 위해서는 교회가 타락해 가는 신학적 원인을 먼저 찾아내야 한다. 그리고 교회를 타락하게 만드는 잘못된 가르침과 오류를 지적하고, 교회가 그것에서 벗어나게 해야 한다.[15]

2. 연구 방법

사도들의 신앙을 이어받은 개혁신앙의 전통은 성경과 신조를 동시에 고백하는 신앙을 말한다. 루터와 칼빈을 비롯한 종교개혁자들은 교리문답서를 발간하여 신앙 교육에 힘썼다. 제네바 교리문답(1542) 서문에서는 교리문답 교육의 성공 여부에 따라서 성경적 교회의 확립이 달라질 수 있음을 강조했다. 신조의 확립은 바른 성경 교육뿐만 아니라, 성도의 신앙을 하나로 통일시켜주었다.[16]

---

15 김홍만, 『개혁신앙으로 돌아가라』 (도서출판 옛적길, 2004), 7-9.
16 신원균, "개혁교회를 위한 신조 연구", 「개혁 신학 포럼」, 2011년 6월, 1-2.

그래서 본서에서 개혁신앙 신조의 초석이 되었던 제네바 신조와 하이델베르크 신조 중심으로 비교 연구를 하고자 한다. 필자의 연구방법은 존 칼빈의 『제네바 교회의 교리문답』(Catechismus Ecclesiae Genevensis, 한들출판사)과 자카리아스 우르시누스의 『하이델베르크 요리문답 해설』(Zacharias Ursinus, The Commentary of DR. Zacharias Ursinus on The Heidelberg Catechism, 크리스챤다이제스트)을 중심으로 다루어질 것이며 그 외에도 칼빈의 다른 저서들과 교리문답과 관련된 저서들도 살펴보게 될 것이다.

2차 자료로는 제네바 교회와 하이델베르크 요리문답과 관련된 다양한 논문과 학술지들이 참고될 것이다.

본서는 총 6장으로 구성되며 다음과 같이 전개된다.

제1장 서론에서는 실천적, 학문적 문제 제기와 연구방법을 다룬다.

제2장에서는 신앙고백서의 정의와 기원, 역사적 개요, 신앙고백서의 필요성을 밝히고자 한다.

제3장에서는 제네바 교리문답서의 저자인 칼빈과 하이델베르크 요리문답 해설의 저자인 우르시누스의 회심과 생애를 살펴보고, 종교개혁 시대뿐 아니라 종교다원주의와 물질만능주의, 그리고 세속화와 인본주의에 물들어가는 이 시대, 교회의 개혁에 중심이 되고 선봉에 서야 할 교회 지도자의 개혁주의 신앙과 신학을 다시 확고히 하는 계기로서 칼빈과 우르시누스의 신앙과 신학을 살펴볼 것이다.

개혁교회의 모든 신앙 교육서는 특별한 역사적인 배경 아래에 작성되었다. 따라서 신앙 교육서를 잘 이해하기 위하여 제네바 신앙 교육서의 역사적 배경과 관련해서 존 칼빈이 본격적으로 제네바 교회 사역에 임했던 제네바에서의 활동 시기를 제1차 제네바 사역과 제2차 제네바 사역으로 나누어 살펴보고 루터파와 개혁파로 나뉘어 갈등이 심해지자 두 파의 일치를 위해서 선제후 프레데릭 3세가 작성하도록 제시한 하이델베르크 신앙고백서의 역사적 배경을 살펴볼 것이다.

제4장에서는 제네바 교회 개혁의 중심이었던 제네바 신앙고백서의 구조와 하이델베르크 신앙고백서의 구조를 살펴보고 두 신앙고백서가 종교개혁 시대 교회개혁과 사회개혁에 끼친 영향을 살펴볼 것이다.

제5장에서는 제네바 신앙고백서와 하이델베르크 신앙고백서의 시작인 1문을 비교하고 칼빈의 하나님 인식과 우르시누스의 위로에 대해 살펴볼 것이며 두 신앙 교육서의 차이와 강조점을 비교할 것이다.

제6장은 결론으로 지금까지 살펴본 주요 논지들에 대한 요약과 개혁주의 신앙을 토대로 한 교회개혁의 해결책이 될 수 있다고 여겨지는 제네바 신앙고백서와 하이델베르크 신앙고백서의 비교를 통해 본 연구에서 얻은 의의와 평가로 결론을 맺게 될 것이다.

제2장

신앙 교육서의 문법적, 역사적 이해

1. 요리문답의 어원

요리문답의 어원은 '카테케시스'(Catechesis, κατήχησις)라는 헬라어이다. 헬라어 카테케시스는 동사 카테케오(κατηχεω)에서 파생되었고 카테키스모스는 문답방식으로 지도하는 교육 양식을 말하는데 동사 카테키조에서 파생되었다. 이 두 단어는 공통적인 의미로 "소리를 내다, 입의 말로 가르치다, 다른 사람의 말을 되풀이하다" 등을 뜻한다. 그러나 카테케오가 좀 더 구체적으로 특정한 교의의 기초들과 근본적인 원리들을 가르친다는 의미를 지닌다. 교회의 교의에 적용되고 그런 의미로 사용될 때는 기독교 신앙의 첫째가는 원리들을 가르친다는 의미를 지니며 누가복음 1:4, 사도행전 18:25, 갈라디아서 6:6 등에서 그런 의미로 나타난다.[1]

카테케시스는 또한 '울려 퍼지다, 메아리치다, 세상에 알리다' 등의 의미가 담겨 있으며 이것은 가르침이 사람의 마음뿐만 아니라 행동에 울려 퍼진다는 뜻이다. 그 후 종교개혁자 루터(Martin Luther, 1483~1546)가 라틴

---

[1] Zacharias Ursinus, 『하이델베르크 요리문답 해설』, 원광연 옮김 (고양: 크리스찬다이제스트, 2006), 51.

어를 독일어로 옮기면서 카테키스무스(Katechismus)가 되었고 이 말의 영어식 표현은 카테키즘(Catechism)이 되었다. 어원상 동일한 개념이지만 우리나라에서는 대체로 카테키즘을 '교리문답' 혹은 '요리문답' 등으로 번역하여 사용하고 있다.[2]

이러한 카테키즘에 대한 용어의 이해에 대하여 정일웅 교수는 '신앙 교육서'로 이를 새롭게 정의하였다.[3]

2. 요리문답의 기원과 역사적 개요

요리문답의 기원은 그리스도와 사도들의 가르침에 이어지며 궁극적으로 하나님의 말씀인 성경에 닿는다. 하나님께서 친히 그것을 제정하셨고 따라서 교회 안에서 항상 시행되어왔다. 구약에서는 아브라함과 맺으신 언약에 따르면 하나님께서는 "내가 너와 네 후손의 하나님이 되리라"(창 17:7)고 말씀하심으로 성인과 어린아이 두 부류 모두 각기 능력에 맞추어 구원의 도를 교훈하도록 지정하셨다. 출애굽기 12, 13장에서 하나님은 유대인들에게 유월절 절기의 제정과 그 유익에 대해 그 자녀들과 가족들을 교훈할 것을 특별히 명하신다.

그리고 신명기 4장에서는 하나님께서 그들에게 주셨던 율법의 역사 전체를 자녀들에게 되풀이하여 가르칠 것을 부모들에게 명하신다. 또한, 신명기 6장에서는 하나님의 유일성의 교의와 그에 대한 완전한 사랑의 교의를 자녀들에게 가르치고 전수할 것을 요구하시며, 또한 11장에서는 십계

---

2   손삼권, "초기 카테케시스의 체제의 과정과 변화", 「한국기독교교육정보학회」(기독교교육정보, 2000년 창간호), 220-222.
3   정일웅, 『종교개혁시대의 기독교 신앙의 가르침』(서울: 한국로고스연구원, 1991), 215-216.

명을 자녀들에게 설명해 줄 것을 명하신다.

신약에서는 어린아이들을 신앙으로 교육하는 일이 사도 시대에 부지런히 시행되었다는 사실은 디모데가 어려서부터 성경을 알았다(딤후 3:15)는 성경의 기록에서 분명히 드러난다.[4]

기독교의 정통신앙은 사도 바울 이래 어거스틴(Augustine. 354-430)까지 이어지고 그 후부터 루터(Martin Luther. 1483-1546) 시대까지 천 년간 중세 시대는 안타깝게도 정통신앙이 왜곡되었다. 그래서 온갖 왜곡된 교리들의 잘못을 루터가 95개조 반박문을 통해 지적하기에 이른다. 1517년 10월 31일 95개조 논제 사건 이후 개혁은 급속도로 진전되었으나 이 개혁은 밖으로는 로마교회의 위협과 안으로는 내부적인 문제가 도사리고 있었다. 토마스 뮌쩌를 위시한 쯔비카우 예언자들과 같은 극렬주의자들의 출현이었다.[5]

이들로 인해 교회와 성도들의 혼란을 염려한 루터는 1525년 당시 통치자인 존 프레데릭 공에게 자신이 태어난 색손 지역의 순회를 요청한다. 그러나 혹독한 고행과 박해 속에 만성질환에 시달리던 그의 병이 1527년에는 더욱 심각해져 설교도 중단해야 하는 일까지 생겼다. 그런데도 병마와 싸우면서 루터는 교회 방문길에 나섰다. 1527년부터 28년까지 작센 지방의 교회 현황을 파악하기 위해 지방 순회를 하면서 시찰하는 동안 기독교가 무엇인지, 자신들이 무엇을 믿고 있는지 모르는 목회자들이나 교인들의 영적 무지에 충격을 받는다. 그때 루터의 심정이 루터의 소요리문답서(1529) 서문에 잘 나타나고 있다.

---

4 Zacharias Ursinus, 『하이델베르크 요리문답 해설』, 52-54.
5 루터의 신학 자료 <루터의 요리문답에 관한 설교>(Acts 조직신학회, 2006. 6월).

> 근간에 내가 여러 곳에 있는 교회를 순회하고 신자들의 비참한 종교생활 상태를 목격한 나머지 극히 쉬운 문장과 작은 책자로서 준비된 본 교리문답서를 내놓아 기독교 교리를 설명하도록 한 것이다. 아, 불쌍하다! 내가 직접 본 비참한 상태를 슬프다 아니할 수 없도다. 특히, 시골에 사는 일반 민중들은 기독교 교리에 관한 지식이 전혀 없고, 대부분 전도자는 가르치기에 부적당하고 무자격하다.[6]

루터는 이러한 현실 가운데 목회자들을 위한 대요리문답서를 작성하는 동시에 성도를 위해 소요리문답서를 작성하였다.

루터 요리문답서의 구조는 8부로 구성되어 있는데 주제들은 다음과 같다.

- 1부: 십계명.
- 2부: 사도신경.
- 3부: 주기도문.
- 4부: 세례와 성례.
- 5부: 참회에 대하여.
- 6부: 제단의 성례.
- 7부: 아침, 저녁의 축복기도.
- 8부: 식사 전과 후의 기도.

그리고 이것은 나중에 칼빈이 『기독교 강요』 초판의 골격을 만드는데 중요한 기초가 되었다.

---

6 『신앙고백서』, 지원용 옮김, (서울: 컨콜디아사 1988), 316-317.

3. 신앙 교육서의 필요성

우르시누스(Zacharias Ursinus, 1534~1583)는 『하이델베르크 요리문답 해설』서문에서 배운 자나 못 배운 자나 똑같이 모두가 참된 신앙의 기초를 이루는 내용을 알아야 하므로 기독교 신앙의 주된 교의들을 간략하게 정리하며 단순하게 해명하는 요리문답 교육이 무엇보다 중요하며 오늘날 온 갖 교리의 풍조에 이리저리 밀리는 자들이 그렇게 많고 또한 그리스도로부터 적그리스도에게로 넘어가는 자들이 그렇게 많은 원인이 바로 요리문답을 소홀히 하는 데 있다고 기록하고 있다.[7]

그는 요리문답을 소개하고 가르쳐야 하는 이유를 크게 6가지로 나누었다.

첫째, 그것이 하나님의 명령이기 때문이다(신 11;19)
둘째, 성인들만이 아니라 어린아이들도 하나님을 올바로 알고 경배할 것을 하나님이 요구하시기 때문이다(시 8:2).
셋째, 우리의 위로와 구원 때문이다. 하나님과 그의 아들 예수 그리스도를 참으로 알지 못하고서는 아무도 구원받을 수 없고 확고한 위로를 가질 수도 없기 때문이다.
넷째, 사회와 교회의 보존을 위해서다. 사람의 마음이 어려서부터 부패하며 악하기 때문이다. 우리의 본성이 그렇게 부패해 있으므로 교회와 국가가 타락하여 결국 망하지 않고 보존되려면 적절한 시기에 우리의 본성의 부패성을 정당하게 제어하고 다스리는 일이 무엇보다 중요한 것이다.
다섯째, 모든 사람이 갖가지 생각들과 독단들을 올바로 판단하고 결정할 수 있도록 바른 규칙과 표준을 아는 일이 필요하다. 그래야만 "거짓 선

---

7   Zacharias Ursinus, 『하이델베르크 요리문답 해설』, 49, 58.

지자들을 삼가라"(마 7:15), "범사에 헤아리라"(살전 5:21), "영들이 하나님께 속하였나 분별하라"(요일 4:1) 등의 명령에 따라 이단적인 자들과 속된 이교도들에게서 오류에 빠지지 않고 미혹되지 않을 것이기 때문이다.

여섯째, 교사들로 사역해야 할 사람들에게는 요리문답 지식이 특별히 중요하다. 가르칠 소명을 받았으니 교리를 더 친숙하게 알아야 마땅하다.[8]

신앙 교육서를 공부할 가치에 대해서는 아무리 강조해도 지나치지 않다. 신앙 교육서는 성경의 핵심들을 요약해 주고 성경의 올바른 이해에 도움을 주며 무엇보다 이단으로부터의 거짓된 교훈과 거짓 신앙과 생활을 막아주는 중요한 역할을 하기 때문이다.

---

8 Zacharias Ursinus, 『하이델베르크 요리문답 해설』, 56-58.

제3장

신앙 교육서의 역사적, 신학적 배경과 저자

1. 칼빈

1) 칼빈과 신앙 교육서

종교개혁이 왜 발생했는가에 대한 직접적인 답은 교회의 부패 때문이라고 할 수 있다. 교회는 썩을 대로 썩었고 교리적 탈선, 교황들의 탐욕과 성직자들의 타락, 면죄부 판매량의 증가, 성직자들의 낮은 교육 수준, 성직의 매관매직, 그리고 자본주의 발생과 새로운 부르주아 집단과 새로운 노동 계급의 등장, 기술개발과 산업의 발전으로 사회적 권력과 의존 관계가 변화하고 있었다.[1] 이러한 배경 속에 1521년경부터 루터의 저서가 제네바에 소개되면서 제네바 종교개혁의 싹이 트기 시작했다. 1532년 제네바에 면죄부 판매가 시행되자 시민들의 불만이 고조되어 갔다.

1533년 베른주는 제네바시에 프로테스탄트 선교지를 확립하는 교시와 함께 선교사들로 베른시에서 개혁운동을 성공리에 거둔 기욤 파렐, 앙토

---

[1] 서영광, "제네바 종교개혁에 있어서 칼빈의 정치 사상 연구", (신학석사학위 논문, 대신대신학대학원, 2009), 8-9.

앙 서니, 피에르 올리베땅을 파견했고 제네바에서 개혁을 시도했다.[2] 1528년 1월에 베른에서 먼저 종교개혁이 선포되었다. 그러나 로마 가톨릭 도시인 후르부르크가 베른의 지지에 반대하였고 1534년 5월 후르부르크가 주교와 함께 제네바에 군사 정권을 세우려는 음모를 알고 제네바는 그 도시와의 동맹을 끊어 버리고 베른과 단일 동맹의 관계가 되었다.[3]

제네바 경제의 주요 수입원인 제네바 축제가 제네바와 같은 날로 바꾼 프랑스 리용의 축제로 인해서 막대한 손해를 보게 되자 제네바는 점차 폭동의 물결이 심해졌고 이것으로 인해서 제네바 사람들은 스위스와 다른 지방과 유대를 더욱 강화하였다. 이 과정에서 13세기에 출현하여 로마 황제의 지배에서 벗어나 근 2세기에 걸쳐 교회와의 항쟁 끝에 주교의 지위를 선출할 수 있는 권리를 획득함으로 사실상 제네바시를 수중에 장악하는 데 성공한 사보이 왕가와 대립이 생기게 되었다.

이 왕가와 대항하기 위해서 시민 전체를 대표하는 총회와 20인의 대표로 구성된 소의회제를 조직하게 되었다. 이때 기욤 파렐(Guillaume Farel, 1489-1565)이라고 하는 프랑스의 개혁주의자를 전도하게 되고 시민들은 파렐을 지지하게 된다. 그리하여 제네바는 1534년 감독 제도를 폐지하기에 이른다.[4]

1536년 5월 25일 시민 총회에서 그들은 성경에 의해 살 것을 다짐하였고 제네바는 제도상 개혁주의의 도시가 되었다.[5] 그로부터 약 2개월 후에 칼빈이 그의 남동생과 여동생, 친구들과 함께 제네바를 지나게 된다.

---

[2] 송맹섭, "존 칼빈의 교회개혁에 관한 연구-제네바 목회에 있어서 그의 예배 개혁을 중심으로", (신학석사학위 논문, 칼빈대학원 2007), 8.
[3] 서영광, "제네바 종교개혁에 있어서 칼빈의 정치 사상 연구", 9-10.
[4] 서영광, "제네바 종교개혁에 있어서 칼빈의 정치 사상 연구", 8.
[5] 정성구, 『칼빈의 생애와 사상』(서울: 세종문화사, 1980), 195-196.

칼빈은 1509년 7월 10일 프랑스 피카르디주(州) 누와용에서 제라르 꼬뱅과 잔느 르프랑의 둘째 아들로 태어났다. 그의 본래 이름은 장 코반(Jean Cauvin). 라틴어로는 요하네스 칼비누스(Johannes Calvinus)로 쓰고 장 칼뱅(Jean Calvin)은 프랑스어 이름이다. 영어권에서는 존 칼빈(John Calvin)으로 부른다.[6]

칼빈의 아버지는 행정인과 공증인, 참사회의 재무관리인으로 누와용교회의 주교의 비서관으로 일하면서 교회 당국과 밀접한 관계를 맺었다. 퐁레베크에서 어업과 운송업으로 생계를 이어가던 가문이 약 5킬로미터 떨어진 지역의 소도시 누와용의 대성당 옆으로 이사를 오게 된 것도 아버지가 좋은 신분으로 상승하면서 새 직장이 가져다준 혜택이었다.[7]

칼빈과 그의 형제들은 주로 아버지의 양육을 받았으며 칼빈의 어머니는 그의 기억 속에 경건한 여인으로 남아있었다. 칼빈은 어머니로부터 교회와 그 권위에 연관된 헌신을 배웠다. 본처가 죽은 뒤 재혼한 칼빈의 아버지는 아들이 성직자가 되기를 원했다. 귀족 가문인 '드앙제' 집안과 아버지의 연고로 귀족의 자녀들과 함께 양육을 받았다.

칼빈은 1521년 5월 19일 신부가 되는 과정을 선택하게 되었고 대성당의 합창단 입단 자격이 주어졌으며 약간의 보리와 밀을 받게 되었다. 1527년 9월에는 교구 목사의 부속 소년으로 등재되었고 25세가 될 때까지 모든 교육의 혜택을 받을 수 있는 장학혜택을 얻었다.[8]

칼빈은 누와용에서 초등 교육을 받은 후, 1523년 8월 14살 때 파리의 삼촌 집에 기거했는데 그의 학문적 훈련은 거기서 시작되었다.[9] 파리의

---

[6] 김재성, 『Happy Birthday 칼빈』 (용인: 킹덤북스, 2012), 31-32.
[7] 김재성, 『Happy Birthday 칼빈』, 31.
[8] 김재성, 『칼빈의 삶과 종교개혁』 (서울: 이레서원, 2001), 49.
[9] 빌렘 판엇 스페이커르, 『칼빈의 생애와 신학』, 박태현 옮김 (서울: 부흥과개혁사, 2009), 33-34.

'콜레쥬 드 라 마르슈'대학을 단지 3개월 만 다닌 그는 그러나 그곳에서 후에 데살로니가전서 주석을 헌정한 새로운 교육학 통찰로 유명하였던 마튀랭 코르디에를 만났다.

'콜레쥬 드 라 마르슈'대학에 이어 그는 신학 연구를 위한 예비 과정으로 장래 사제들을 예비하는 '콜레쥬 드 몽테귀'대학으로 전학하였다. 몽테귀대학은 학구적이고 종교적이었지만 지나치게 금욕주의적이어서 소량의 음식을 제공하고, 짧은 수면 시간을 허락하면서 엄하게 공부를 시켰다. 이러한 생활 때문에 칼빈은 소화불량에 걸려 평생 고생하기도 했다.

1529년 아버지는 칼빈에게 신학 수업을 중지하고 법학을 공부하라고 명령했다. 아버지가 생각을 바꾸게 된 것은 법학 공부가 재정적으로 부를 쌓을 수 있다는 것이었고,[10] 그 생각은 누와용 참사회와 빚은 갈등으로 종국에 파면되었던 사실과도 연관되었다.[11] 칼빈은 법률 공부를 위해 오를레앙대학으로 옮겼다. 그는 여기서 로토왈 교수를 만나 고전 문학에 관심을 끌게 되었고, 인문주의 사상에 깊이 빠지게 되었다.

1529년 칼빈은 몇몇 친구와 함께 부르쥐(Bourges)대학으로 옮겨 공부하였고, 1530년에 학업을 마치고 법학석사학위를 획득하기 위해 오를레앙으로 돌아왔다. 그러나 1531년 아버지의 죽음으로 칼빈의 진로가 다시 바뀐다. 신학 수업을 듣기 위해 콜레지 포르테의 왕립 강좌에 등록한 칼빈은 법률 공부도 계속해 1532년 오를레앙대학에서 법학박사학위를 받았다.

1533년에서 1536년까지는 프랑스 앙굴렘과 스위스 바젤을 전전하며 신학을 연구한 기간이었다. 이때 쓴 책들이 1534년의 『영혼이 깨어 있음에 관하여』(*Psychopannychia*)와 1536년의 『기독교 강요』 초판이다.

---

10 John Calvin, 『구약성경 주석7』, 존칼빈성경주석출판위원회 (서울: 성서교재간행사, 1845,) 160.
11 빌렘 판엇 스페이커르, 『칼빈의 생애와 신학』, 38.

칼빈은 가명을 사용하면서 남부 프랑스, 스위스, 이탈리아 곳곳을 망명자요 복음 전도자로 순회하였다. 칼빈은 1533년에서 1534년까지의 대부분의 시간을 나바라의 여왕 마르가리타의 보호 아래 그녀의 고향인 앙굴렘시에서 보냈다. 1534년 10월에 일어났던 피의 박해는 칼빈으로 하여금 고국을 떠나 자유로운 도시 스위스에 정착하게 했다. 칼빈은 사람들에게 노출되는 것을 피하고 학문을 위해 은둔 생활을 하였다. 1535년 1월부터 1536년 3월까지 1년 조금 넘게 바젤에서 살았다. 그리고 그곳에서 『기독교 강요』를 저술하였다.[12]

칼빈은 바젤이나 스트라스부르그에 정착하여 그곳에서 학자와 저술가로 조용한 삶을 꾸리기를 원했다. 그러나 카를 5세와 프란시스 1세 사이의 전쟁으로 인해 로렌으로 가는 지름길이 막혔기 때문에 제네바를 거쳐 우회할 수밖에 없었다.[13] 당시 제네바에는 기욤 파렐이 개혁을 이끌고 있었는데, 그는 제네바에 『기독교 강요』의 저자 칼빈이 왔다는 소식을 접하고 함께 개혁을 이끌기를 요청하게 된다. 칼빈은 당시 25세의 젊은 신학도에 불과했는데 파렐은 『기독교 강요』를 통해 젊은 개혁자의 잠재력을 본 것이다.[14] 그러나 칼빈은 자신의 무능력과 할 일들을 열거하면서 완강히 사양하였다. 파렐은 모든 말을 동원해도 전혀 설득되지 않자 다음과 같이 소리를 질렀다.

> 전능하신 하나님의 이름으로 내가 명하노니 너는 너의 학문으로 핑계 대고 있다. 그러나 만일 네가 우리와 같이 하나님의 일을 하기를 거절한다면 하나님이 너를 저주하실 것이니 이는 네가 그리스도를 위하지 않고 오직 너 자신

---

12   서영광, "제네바 종교개혁에 있어서 칼빈의 정치 사상 연구", 19-20.
13   Philip Schaff, 『교회사전집 8』. 박경수 옮김 (고양: 크리스챤다이제스트, 2004), 292.
14   John Calvin, 『구약성경 주석 7』(존칼빈성경주석출판위원회), 162.

만을 위해서 추구하고 있는 것이기 때문이다.[15]

칼빈이 학문을 핑계 대고 있으며, 만약 이 일을 거절한다면 하나님이 당신을 저주하실 것이라는 극단적인 말도 서슴지 않았다. 그것은 제네바를 이끌 개혁파 인재를 놓치고 싶지 않은 파렐의 간절함 때문이었다. 결국, 이 무서운 호령 앞에서 칼빈은 그 제안을 하나님의 뜻으로 받아들이게 되었고, 역사적인 제네바 사역이 시작된다.[16]

(1) 제1차 제네바 사역

제네바의 종교개혁에는 칼빈 외에도 기욤 파렐이나 비렛, 블링거와 마틴 부처 등이 있었다. 그러나 『기독교 강요』 최종판이 나오고 칼빈의 주석과 설교집이 계속 출판되자 칼빈주의는 제네바시를 압도하였으며 칼빈의 『기독교 강요』는 개신교의 공인된 교리서이자 고백서가 되었다. 그 당시 제네바는 종교개혁의 분위기가 고조되고 있었다. 1535년 8월 10일에 제네바의 200인 위원회는 로마 가톨릭의 미사를 중지시켰고 같은 해 11월에는 개혁운동이 제네바시의 총회에 의해 비준되었다. 이러한 제네바에는 강렬한 종교개혁 의지와 실력을 갖춘 지도자가 필요한 때였으며 칼빈은 하나님의 섭리에 따라 제네바를 방문하게 되었다.[17]

1536년 8월 파렐의 요청으로 칼빈이 제네바 사역을 시작했을 때, 그 도시는 무엇 하나 정비된 것이 없었다. 파렐의 치열한 투쟁으로 교황의 추종자들이 쫓겨나가는 하였지만, 개혁파 도시와 교회로서 법과 질서가 심각하게 훼손되었으며 권위는 땅에 떨어져 있었다. 칼빈의 말은 제네바가 얼

15　김재성, 『칼빈의 삶과 종교개혁』, 208.
16　채계관, 『존 칼빈의 제네바 요리문답서』 (개혁주의학술원), 1.
17　김은아, "존 칼빈의 신앙 교육서를 중심으로 한 현대 개혁주의 기독교 교육 모델 연구" (신학석사학위 논문, 총신대학교 교육대학원 2008), 11.

마나 심각한 상태였는가를 보여 준다.

> 내가 이 교회에 처음 당도하였을 때 그곳에는 아무것도 없었다. 그들이 설교는 하였으나 그것이 전부였다. 그들이 우상을 찾아내어서 불태우는 것은 좋은 일이었으나 거기엔 다른 개혁운동이란 없었다. 모든 것이 혼돈 상태에 놓여 있었다.[18]

칼빈이 처음 했던 일은 성 피에르교회에서 〈바울서신〉을 강해하며 파렐의 지도로 제네바 교회에서 설교를 하는 것이었다. 정식 지위의 명칭은 성경 봉독자였다. 칼빈의 시급한 일은 시의회로부터 인정부터 받는 것이었다. 파렐은 새로운 동료 칼빈을 위해 시민권과 사역비 책정을 시의회에 제안했는데, 1537년 2월 13일에야 그 제안이 통과된 것으로 보아 제네바는 젊은 이방인을 순순히 받아들이지 않았다. 칼빈은 1536년 11월에 목사회의 정식회원으로 받아들여졌다.

칼빈은 단순히 학문적이고 이론적 지식이 아닌 구체적이고 실천적인 방법으로 제네바 시민들의 문제를 해결하려 노력한 목회자였다. 칼빈은 제네바 교회 내의 질서를 먼저 세울 것을 요구한다. 사회개혁의 시작과 완성은 교회와 신앙의 회복에 있다고 본 것이다. 이러한 관점에서 시의회를 향한 칼빈의 강력한 요구 가운데 하나가 바로 "신앙고백서"였다. 1536년 11월 발표한 이 신앙고백서는 총 21개의 주제에 대한 간략한 내용을 담고 있는데, 칼빈은 이 신앙고백서에 모든 제네바 시민이 서명할 것을 강하게 주장했다. 그러나 아직 지지 기반이 미약한 상태에서 강력한 개혁의 추진은 또 다른 반대를 몰고 왔고, 결국 부결되고 말았다. 청년 목회자의 개혁

---

[18] 김재성, 『칼빈의 삶과 종교개혁』, 210.

이 쉽지 않았음을 보여 주는 사건이었다.[19]

1537년 1월에는 교회의 개혁을 기대하면서 파렐과 함께 "교회 행정에 관한 조례"(Articles Concerning the Government of the Church)를 시의회에 제출하였다. 조례는 4개 조항의 개혁안을 포함하고 있었는데 그 내용이다.

① 바울의 가르침대로 찬송할 때 시편을 사용할 것.
② 매 주일 성찬을 할 것.
③ 어린이를 위한 교육을 할 것.
④ 결혼법을 개혁할 것.[20]

이 지침서는 시의회에서 성찬에 대해서 일 년에 네 차례만 시행하기로 하는 등의 약간 수정 후에 통과되었다. 조례는 공개적으로 찬성하는 서약을 강조하면서 그 체계대로 생활해야 함이 요구됐다.

이에 따라서 마땅히 자녀들을 가르쳐야 한다는 점을 새롭게 추가, 칼빈이 어린아이들을 위한 교리문답서를 만들고, 파렐은 신앙고백서를 제안했다. 그러나 제네바 시민들은 달가워하지 않았고 칼빈의 과감한 개혁은 반대자들의 벽에 부닥쳤다. 제네바는 개혁주의 신앙고백을 받아들일 준비가 되어 있지 못했고 더구나 외국에서 들어온 설교자들이 전체 시민들이 따라야 할 규칙들을 만들어 내놓는 것에 못마땅했다.[21]

칼빈이 제네바에 도착하였을 때 목사들은 복음적인 교리를 증거로 제시하였지만, 생활의 개혁에는 무관심하였다. 칼빈이 강력하게 개혁하는 시점에서도 시의 지도자 중의 하나인 보니바르는 호색한으로 징계를 받았고 도박장을 소유하던 사람은 카드로 목걸이를 만들어서 목에 걸고 한 시간

---

19   채계관, 『존 칼빈의 제네바 요리문답서』(개혁주의 학술원), 2.
20   오덕교, 『종교개혁사』(수원: 합동신학대학원출판부, 2005), 187-188.
21   김재성, 『Happy Birthday 칼빈』, 78.

동안 손과 발에 족쇄가 채워진 채 공개 모욕을 당해야만 했으며 자식들을 학교에 보내지 않는 부모는 벌금을 내야만 했다.[22]

시민들은 너무나도 음탕해서 시의회에서는 남자에게 첩을 1명만 두자는 말이 나올 정도였으며 공창이 넘쳐 시민들과 구별을 위해 공창 지대를 정하고 특이한 복장을 입혔다. 더욱이 로마교회 성직자 중에도 첩을 여럿 두는 사이 사생아가 많아지고 재산을 취하여 부정한 일에 사용하기도 했다. 특별히 칼빈의 동생 앙뚜완느의 아내가 칼빈의 꼽추 사환과 간통한 사실이 드러나기도 했다.[23] 이러한 상황에서 칼빈은 교회 권징을 실시함으로써 제네바를 도덕적이며 영적인 도시로 만들기 위해 파렐과 함께 신앙고백서와 요리문답서와 교회권징서를 만들어 제네바시에 제출했고 모든 제네바 사람들이 이를 수용하고 서약할 것을 요청하였다.[24]

그러나 칼빈의 이러한 신앙 교육의 의무를 받아들여야 한다는 강경한 추진은 시민들과 시의회의 반발을 샀고 결국 제네바에서 추방되기에까지 이른다. 추방되기까지 여러 상황과 갈등을 보면 제네바 시민들에게 10명씩 관원 앞으로 나와 신앙고백을 서약하도록 한 제안은 제네바 시민들의 저항을 불러왔고 권징권의 집행에 대한 갈등이 교회와 제네바시 당국 사이에 일어났다. 제네바시 의회는 쯔빙글리의 예를 따라 시 정부에 권징권이 있다고 주장하였으나 칼빈은 권징권을 그리스도께서 교회에 주신 고유 권한이므로 권징권은 교회로 환원되어야 한다고 하였다.

이러한 칼빈의 주장이 채택된다면 제네바시에서 채택하였던 쯔빙글리식의 권징 체제, 곧 통치자가 교회 일에 공식적으로 개입하던 체제의 붕괴가 이루어질 수 있었고 로마 가톨릭의 억압과 폭정에 시달렸던 칼빈의 반

---

22 김재성, 『칼빈의 삶과 종교개혁』, 257.
23 송맹섭, "존 칼빈의 교회개혁에 관한 연구-제네바 목회에 있어서 그의 예배개혁을 중심으로", 29-30.
24 오덕교, 『장로교회사』(수원: 합동신학대학원출판부, 1995), 68-69.

대자들은 교회가 권징권을 가지게 된다면 교회 당국에 대한 폭정이 시작될 것을 주장하였다.[25]

　1537년 10월에는 신앙고백을 받아들이지 않는 자에 대해서는 성찬식에 참여하지 못하도록 하는 『성찬에 관한 신앙고백』을 출판하였는데 1538년 1월에 의회와 시민들의 갈등으로 거부되기도 했다. 평소에 폭음, 방종, 심지어 음행까지 하다가 주일에 집례 되는 성찬식에 참여하고자 하는 사람들에게 칼빈과 파렐은 수찬 정지 명령을 내려 줄 것을 원했다. 그러나 이것이 시정되지 않자 칼빈과 파렐은 성찬 집례를 거부하기도 했다.[26] 또한, 칼빈이 성찬을 권징의 수단으로 활용하자 칼빈의 개혁운동에 반대하여 카롤리와 장 필립은 이를 정치 쟁점화하였고 선거운동에 활용하여 승리를 거둠으로 칼빈의 추방에 한 역할을 담당하기도 했다.

　추방되기까지 여러 상황과 갈등이 있었지만, 결정적인 문제의 발단은 성찬식에 사용하는 떡에 있었다. 1538년 베른시의 교회에서는 전통적으로 내려오던 무교병의 순수한 떡을 사용하고 있었지만, 제네바시의 교회는 일상생활에 사용하는 떡을 사용하고 있었다. 그런데 제네바시 위원회에서 일방적으로 베른시의 교회가 사용하는 성찬 떡을 쓰도록 결정하였다. 그리고 제네바시 당국은 칼빈과 파렐을 불러 부활절 성찬식에 순수한 것으로 사용하도록 명령하였으나 성만찬의 재료가 중요한 것이 아니라 은혜의 수단으로서 성령님의 역사하심이 본질이라 생각한 칼빈과 파렐은 이 명령을 거부하였다.[27]

---

[25] 신철휴, "칼빈의 제네바 종교개혁의 성격-칼빈의 이상과 현실"(신학석사학위 논문, 서울 성경신학대학원 2007), 16-17.
[26] 최윤배 외 3인, 『16세기 종교개혁과 개혁교회의 유산』(서울: 한국장로교출판사 2003), 264.
[27] 김재성, 『Happy Birthday 칼빈』, 80.

또한, 베른시는 루터교의 영향을 받아 루터교적인 예배의식을 따랐다. 그리고 교회의 하나 됨을 위하여 노력하는 마틴 부처(Martin Bucer)의 영향을 받아 스위스에 있는 모든 개혁교회가 자기들 식으로 예배하기를 바랐을 뿐만 아니라 유월절을 지키며 베른의 목사들이 입는 옷을 입도록 관철하려고 하였다. 그런데 제네바시 당국은 설교자들에게 문의해 보지도 않고 베른 측이 요구하는 대로 시행하기로 하였다. 칼빈은 베른시의 처사가 지역교회의 자율성을 침해하는 것이라며 반대하였다. 제네바시 당국은 부활절을 기하여 칼빈과 파렐의 설교권을 박탈하였다. 그러나 그런데도 칼빈과 파렐은 부활절 아침 예배에 설교를 감행하였다.[28] 제네바시 당국은 3일 이내에 제네바시로부터 추방할 것을 결정하였고 1538년 4월 23일 칼빈과 파렐은 제네바를 떠나게 된다.

(2) 스트라스부르크에서의 생활

제네바에서 추방된 후 1541년까지 칼빈은 지금 프랑스 땅이 된 독일 스트라스부르크에서 프랑스 피난민을 위해 목회를 했다. 제네바를 떠나게 된 칼빈은 베른을 거쳐 바젤로 간다. 바젤에서 저술을 하며 조용히 지낼 생각이었지만 스트라스부르크에 있는 부처(Bucer)의 간청으로 피난민 교회의 목회를 위해 1538년 10월 스트라스부르크로 갔다. 그곳에서 칼빈은 부처의 추천으로 성 니콜라스교회의 목사가 되었고 프랑스 개혁교회의 모델이 되는 최초의 교구 교회를 조직하고 예배의식을 정하였다.[29]

그곳에서의 기간은 칼빈에게 부처와 멜란히톤을 비롯한 여러 종교개혁자와 만남은 장래 그의 개혁교회에 대한 안목과 사상을 넓혀 주었고 제네바 교회의 개혁을 위한 정비의 기간이었다.

---

[28] 신철휴, "칼빈의 제네바 종교개혁의 성격-칼빈의 이상과 현실", 18.
[29] 김영재, 『기독교 교회사』(수원: 합동신학대학원출판부 2005), 422.

칼빈은 저술 활동에도 활발하였는데 우선으로 『기독교 강요』 개정판을 출간하였다. 『기독교 강요』의 재판은 초판의 3배 가량의 크기로 초판의 교훈적이고 교리문답 서적인 차원을 넘어 교의 신학서의 면모를 갖추었다. 1539년에서 1540년 겨울에는 『로마서 주석』을 발간하였고 <사돌레토 반박문과 기도서>, 그리고 <성만찬에 관한 소고>를 집필하였다.[30] 또 이때 칼빈은 뷔렌 이들레트와 결혼을 하였고 목회와 경제적인 부분에도 안정을 얻는다.

제네바는 칼빈을 추방한 후 로마 가톨릭의 집중포화를 받았으며 지도력을 잃고 개혁운동이 약화하여 도덕적 타락은 극에 달했으며 무질서의 상태가 되었다. 칼빈이 떠난 후 일 년도 채 못 되어 칼빈이 다시 와야 한다는 논의를 했고 때마침 칼빈의 <사돌레토 반박문>이 그 중요한 역할을 했다.

개혁주의 사상을 가장 잘 표현한 위대한 작품이라는 칭송을 받았던 <사돌레토 반박문>은 1539년 3월 칼펜트라스의 추기경인 대감독 야코보 사돌레토가 제네바시의회는 모 교회로 돌아오라고 회유하는 서한을 보내는 데서 시작됐다. 그러나 제네바시의회는 교황권에 굴복할 의사가 추호도 없었다. 제네바시의회는 그 서신에 답변할 만한 사람을 찾았으나 제네바에는 그런 사람이 없었기에 로잔의 감독 비레에게 부탁했으나 거절당했다. 도시의 원로들은 자존심을 던지고 대감독에게 답할 수 있는 유일한 사람인 칼빈을 찾아가 부탁하였다.

칼빈은 <사돌레토의 서한>을 하나씩 지적하면서 요약 정리하여 의회로 보냈다. 그 핵심은 로마교회는 하나님의 말씀을 저버렸고 성령을 거역한 사실을 부끄러워해야 한다는 것이었다. 칼빈의 답변에 제네바는 매우 만족했고 1540년 9월 의회는 칼빈에게 교섭을 시도했지만 칼빈에게 깨끗이

---

30   서영광, "제네바 종교개혁에 있어서 칼빈의 정치 사상 연구", 25.

거절당했다.[31] 칼빈은 "내가 하루에도 수천 번씩 죽어야 하는 그런 십자가보다는 일백 번 죽는 다른 길을 택하고 싶다"고 심경을 토로한 것처럼 칼빈에게는 제네바에서의 삶이 죽음과 같이 힘든 과정이었으므로 돌아갈 마음이 전혀 없었다.[32]

부처는 부처대로 칼빈을 자기 옆에 붙들어 두고 싶어서 제네바 사람들에게 청빙을 포기하도록 설득하였다. 그러나 제네바시의회의 부탁으로 이번에도 파렐이 다시 한번 칼빈에게 간곡히 도움을 요청했고 그의 나이 32세 되는 해인 1541년 칼빈은 수락했다.

(3) 제2차 제네바 사역

칼빈은 두 번째 제네바 사역 동안 첫 번째 기간 다하지 못했던 교회개혁을 본격적으로 감행하게 되었고, 제네바 개혁운동이라는 역사적 임무를 다하게 된다. 이종성 교수는 칼빈의 제2차 제네바 사역을 "개혁운동의 결전장"으로 보며 이때를 칼빈뿐만 아니라 전체 개혁운동에 지대한 영향을 준 결정적 시기였다고 말한다.[33] 1541년 9월, 3년 전에는 칼빈을 거부했던 제네바시가 칼빈이 다시 돌아오던 날에는 기마대까지 출동해서 그를 맞이하였다.[34]

칼빈은 제네바로 돌아오는 것에 자신의 의견을 받아들이지 않으면 직분을 받아들이지 않을 것을 말하며 두 가지 조건을 제시하였는데 교리문답과 규율의 지지가 그것이다.

첫 번째 조건은 성문화된 종교 헌장을 만드는 것이다.

---

31 서영광, "제네바 종교개혁에 있어서 칼빈의 정치 사상 연구", 25-27.
32 오덕교, 『종교개혁사』, 196.
33 이종성, 『칼빈』 (서울: 대한기독교출판사, 1978), 41.
34 김남식, 『칼빈주의 연구』 (서울: 백합출판사 1979), 125.

두 번째 조건은 모든 제네바 시민을 교육하기 위한 학교를 세우는 일이었다.

제네바시의회는 칼빈의 제안을 수락하였고 칼빈은 1541년 9월 제네바에 돌아왔다. 제네바를 기독교 교리와 교회의 권세가 온전히 보장될 수 있도록 안전장치가 필요했던 칼빈은 제네바의 개혁에 성문화된 종교 헌장을 만들었다.

이러한 칼빈의 의지와 노력으로 제네바에 도착한 지 6주 만에 제네바 교회 헌법을 작성하여 의회에 제출하였다.[35] 이 헌법은 후에 스코틀랜드 치리서와 웨스트민스터 정치 모범의 기초가 될 정도로 중요한 의미가 있다. 교회의 순결을 항상 강조하고 중요시했던 칼빈은 이런 교회의 순결은 자녀 교육에서부터 구체적으로 시행되어야 함을 주장하여서 자녀들에게 신앙 개요를 가르칠 것을 요구하였다.

1542년 어린이를 위한 요리문답서를 최초로 만들어 주일마다 가르치게 하였다. 이것은 1552년에 제정한 '제네바 신조'의 기초가 됐다. 1551년엔 볼섹과 1553년엔 셀베르와 각각 예정론과 삼위일체론에 대한 교리 논쟁을 벌였다. 이 논쟁의 결과로 볼섹은 제네바에서 추방당하고 셀베르는 화형에 처했다.

칼빈이 1556년부터 죽을 때까지 제네바에서 노력한 것은 하나님의 말씀에 의한 교회생활의 질서와 규율을 지킬 것과 제네바 시내에 좋은 교육 기관을 세울 것 그리고 여러 외국과의 친밀한 관계를 통해 민족과 국경을 초월하여 그리스도의 공동체를 건설하는 것이었다.[36] 힘겹고 괴로운 투쟁의 나날이었으나 1555년부터는 반대파의 세력들이 몰락하고 칼빈의 이

---

35   오덕교, 『종교개혁사』, 72-73.
36   이종성, 『칼빈』, 60.

상대로 이끌 수 있게 되었다. 성경이 가정, 교회와 국가 영역에서 왕 노릇 하게 되었고 인간적인 권위는 사라지고 성령의 지도에 따라 교회가 운영되었다.

이렇게 개혁된 모습을 보면서 스코틀랜드의 개혁자 존 낙스(John Knox)는 "제네바는 사도 시대 이후 지상에 존재했던 가장 완전한 그리스도의 학교였다", 영국의 개혁자 존 베일은 "제네바는 가난 가운데서 살 수 있는 성소와 같았다"라고 증언했다.[37]

1559년에는 칼빈의 소원 하나가 이루어졌다. 유럽의 젊은이들을 모아 개혁주의 사상을 가르치고 교회개혁을 계승할 인물들을 양육하기 위해 개혁운동의 산실이라 표현하는 지금의 제네바대학의 전신인 제네바아카데미를 설립한 것이다. 그곳에서 칼빈은 신약성경 학자이며 그의 제자인 베자에게 학장의 책임을 맡기고 칼빈은 교수로서 강의하는 것으로 만족하였다.[38] 그는 아카데미를 통해 제네바를 개혁운동의 거점도시로 만들었다.

1558-59년에 사이 열로 고생하던 칼빈은 잠시 회복하는가 싶더니 폐병이 악화되었다. 관절염, 신장결석, 병명이 불확실한 내장 이상, 치질, 위출혈, 고열, 근육경련, 신장염, 그리고 사지에 염증을 일으키는 통풍 등, 신체적 질병들로 쇠약해졌다. 칼빈은[39] 부디 휴식을 취하라는 친구들에게 "주님께서 다시 오실 때 내가 게으름을 피우고 있는 걸 보시면 어떻게 하지?"라고 말하며 계속 자기 업무를 소홀히 하지 않았다. 종국에는 정상적인 업무를 감당하지 못하자 급료 받기를 거부하기까지 하였다. 1564년 2월 마지막 설교를 한 칼빈은 5월 27일 55세를 일기로 베자의 품에 안겨 임종하였다.[40] 5월 27일 자 의회 서기록은 이렇게 적고 있다.

---

37 오덕교, 『종교개혁사』, 202.
38 정성구, 『칼빈주의 사상대계』(서울: 총신대학출판부, 1995), 78-79.
39 W. J. Bouwsma, 『칼빈』, 이양호, 박종숙 옮김 (서울 : 도서출판 나단, 1991), 57-68.
40 Lewis W. Spitz, 『종교개혁사』, 서영일 옮김 (서울: 기독교문서선교회 1997), 187.

> 오늘 저녁 8시 책임감이 강한 칼빈은 하나님께 감사드리면서 감각과 정신이 온전한 채로 하나님께 갔다. 칼빈은 그가 원한대로 묘비 없이 공동묘지에 5월 28일 주일에 장례되었다.[41]

칼빈은 하나님의 말씀에 대한 탁월한 목사이며 교사였다. 그의 생애는 성경을 연구하며, 그 말씀들을 하나님의 백성들에게 적용하는 일에 자신을 바쳤고 1564년 5월27일 55세의 나이로 세상을 떠나기까지 종교개혁자 칼빈은 오직 하나님의 영광만을 위해 일생을 바쳤다.

2) 칼빈의 신앙

칼빈의 어머니 잔느 르프랑은 아름답고 경건한 여성이었다. 누와용에서 멀지 않은 우르스캄프에 있는 성 안나의 유물에 입을 맞추고 돌아오는 순례자의 길을 어린 아들과 함께 다녀오기도 한 깊은 신앙심을 가지고 헌신하던 여인이었다. 이렇게 자녀들에게 신앙적으로 정성을 쏟아붓는 어머니의 경건함이 고스란히 칼빈에게 물려줬을 것이다.[42]

그러나 칼빈의 회심에 대한 부분은 잘 알려진 바가 없다. 칼빈은 자신의 회심에 대해 말을 아꼈다. 칼빈은 자기의 일생을 소개하면서 『시편 주석』 서문에서 갑작스럽게 회심했다고 고백하였지만, 사도 바울이나 마틴 루터나 어거스틴처럼 어떤 획기적인 사건으로 경험한 드라마틱한 회심은 아니었다. 갑작스러운 회심이라는 표현은 전혀 예상치 못한, 생각지도 않았던 일이 자신에게도 받아들여진 것으로 해석해야 할 것이다.[43] 회심과 관련해 칼빈은 정확히 기술하진 않았지만 칼빈의 삶 가운데 발생했던 분명한 변

---

41 디모디 토우, 『존 칼빈의 생애와 업적』, 임성호 옮김 (서울: 하나출판사, 1998).
42 김재성, 『Happy Birthday 칼빈』, 31-32.
43 김재성, 『Happy Birthday 칼빈』, 44-45.

화와 관련해서 몇 가지를 들 수 있다.

첫째, 칼빈은 자신의 『시편 주석』 서문에서 이스라엘 백성을 인도할 다윗의 소명과 자신의 과거를 비교하였다. 다윗을 통해 자신의 소명 시작과 그 진행 과정을 명확하게 보았다. 칼빈은 인생의 행로가 예기치 못하게 다른 방향으로 바뀐 것을 하나님의 섭리로 받아들였고 칼빈의 '회심'은 회피할 수 없는 '소명'으로 이어진 것이다.[44]

둘째, 1531년 5월 26일 그의 아버지의 죽음과 함께, 잠시 누와용으로 돌아갔던 칼빈은 다시 오를레앙으로 갔다가 파리로 가서 그곳에서 그의 첫 저서인 『세네카의 관용론 주석』을 쓰게 된다. 이 책은 그에게 명성을 안겨주지는 못했지만, 이 시기에 칼빈에게 근본적인 변화가 발생했다. 칼빈의 고전 작가들에 관한 관심은 성경 읽기와 성경에 관한 연구, 그리고 교부들에 대한 커다란 흥미를 갖게 되었다. 칼빈은 이것을 나중에 자신의 회심이라 불렀다.[45]

셋째, 1533년 파리대학 학장으로 취임한 칼빈의 친구인 니콜라스 콥은 나바르의 마그리트의 복음적 견해들을 심하게 비평하는 연극을 상영한 학생들과 대항하였고 이로 인하여 소르본의 당파적인 신학자들과 맞서게 되었다. 1533년 11월 1일 니콜라스 콥의 만성절 연설문을 작성하게 되는데 이 연설은 가톨릭 정통주의 변호자들의 감정을 상하게 하기에 충분할 정도의 개혁주의적인 내용이었다.

만성절 날에 콥은 성인(聖人)들을 칭찬한 것이 아니라 그리스도를 하나님과의 유일한 중재자로서 선포했다.[46] 이 일은 프랑스 왕실의 박해를 초래하는 계기가 되었고 콥은 기소되었으나 바젤로 도주하여 피신했으며 칼

44　빌렘 판엇 스페이커르, 『칼빈의 생애와 신학』, 47-49.
45　빌렘 판엇 스페이커르, 『칼빈의 생애와 신학』, 43.
46　서영광, "제네바 종교개혁에 있어서 칼빈의 정치 사상 연구", 18.

빈 역시 연루되어 파리를 떠나야만 했다. 그는 스스로 종교를 바꿀 준비가 되어있지 않았었다. 칼빈 자신의 표현대로 하면 그때까지만 해도 교황의 미신을 완고하게 숭배하고 있었고 도무지 종교개혁자들의 글이나 말은 들으려 하지 않았다고 한다.[47] 다음은 1557년 『시편 주석』의 서문에 나오는 한 구절이다.

> 그런데 처음에 내가 이 같은 교황권이라는 미신에 그렇게 완고하게 사로잡혀 있었기 때문에 갑작스러운 회심으로 그 같은 깊은 수렁에서 빠져나오는 것은 어려운 일이었으나, 하나님께서는 이 문제에 대해 너무 굳어버린 나의 마음을 아시고 유순하게 만드셨다. 이같이 참된 신앙심에 대해 약간의 맛을 미리 보고 어느 정도의 지식을 취하고 나서 나는 바로 신앙에 의해 유익을 얻고자 하는 강한 욕망에 불타게 되었다.[48]

그러나 파리에서의 도주 사건의 결과 1534년 5월에 그는 누와용을 방문해서 성직자로서의 그의 직업을 종결하는 결정적인 조치를 하게 되는데 제신느의 목사직을 사임함과 동시에 누와용의 성직록도 포기함으로 결정적으로 로마 가톨릭과 결별하게 된다. 칼빈은 이러한 일들 가운데 하나님이 주신 명에로 순응하였고 성경의 가르침을 추구하였으며 칼빈의 삶 가운데 예기치 못한 회심이었다.[49]

넷째, 그의 아버지인 제라르 꼬뱅의 죽음도 영향을 미쳤을 것이다. 처음에는 칼빈에게 장학금을 주었고 아버지와 온 가족이 섬겨오던 로마 가톨릭교회에 대한 충성심에서 벗어나기 어려웠던 것으로 보인다. 그러나

---

47 김재성, 『Happy Birthday 칼빈』, 45-46.
48 프랑수아 방델 『칼빈, 그의 신학 사상의 근원과 발전』, 김재성 옮김 (서울: 크리스챤 다이제스트, 1999), 43.
49 빌렘 판엇 스페이커르, 『칼빈의 생애와 신학』, 52-54.

1528년 칼빈의 아버지는 누와용의 로마 가톨릭 주교를 비롯한 교회 지도자들과 갈등으로 인해서 결국에는 출교를 당하고 '종부성사', 즉 장례식도 거행하지 못한 채 1531년 사망하게 된 일이다. 이 일이 있고 난 뒤 이십년 후에 칼빈이 친구 볼마르에게 보낸 편지를 보면 당시의 정황을 짐작하게 해주는 대목이 나온다.

"아버지는 나를 법학 공부하라고 보내셨다. 그리고 나의 아버지의 죽음은 다시 한번 나를 다른 길로 들어서게 했다"[50]

다섯째, 1534년 상대적으로 평안을 누렸던 이 시기에는 한 작품을 저술하였는데 이 첫 번째 개혁주의적 작품에서 칼빈이 선택한 길이 나타난다. 그것은 로마 가톨릭과 재세례파 사이의 중용 길이었다. 이 길은 그에게 하나님 나라의 길을 아는 왕도(王道)가 되었는데 그는 이 첫 번째 작품에서 하나님 나라의 광범위한 구원사적 윤곽을 제시했다. 칼빈은 이 길에 들어섰기에 이제 되돌아간다는 것은 불가능했고 이러한 회심은 단지 로마 가톨릭과의 결별만 의미하는 것이 아니라 종교적 인문주의와도 거리를 두는 것을 의미했다. 칼빈은 자신의 회심 가운데 하나님의 섭리가 승리하는 능력을 배웠다.[51]

칼빈은 철저한 교회 중심의 신앙을 가졌다. 칼빈은 어린 시절에 어머니가 돌아가심으로 어머니의 사랑을 일찍 잃어버렸고 아버지마저도 그의 나이 스물한 살에 사망하게 된다. 더 이상 어머니의 사랑을 맛보지 못한 칼빈에게 교회는 어머니와 같은 역할을 해주었다. 훗날 칼빈은 그의 책, 『기독교 강요』에서 영혼의 어머니로서 교회가 먹여주고, 보살펴주고, 가르쳐주고, 지켜주는 역할을 감당한다고 강조함으로 철저한 교회 중심의 신앙을 보여 주었다.[52]

---

50 김재성, 『Happy Birthday 칼빈』, 46-47.
51 빌렘 판엇 스페이커르, 『칼빈의 생애와 신학』, 55-56.
52 김재성, 『Happy Birthday 칼빈』, 33.

또한, 칼빈은 순종적 신앙을 가졌다. 칼빈은 아버지에게 매우 순종적이었다. 루터는 수도사가 되기 위하여 아버지의 말을 거역하고 법률 경력을 포기하였지만 칼빈은 아버지의 말에 순종하여 법률가가 되기 위하여 신학을 포기하였다. 이러한 순종적인 칼빈의 성품은 신앙적인 면에서도 하나님의 섭리에 오직 순종하는 순종적 신앙의 배경이 되었다. 성경 해석가로서의 모습에서도 칼빈의 신앙을 엿볼 수 있다. 칼빈의 가장 우선적이며 지배적인 목적은 성령의 뜻을 확인하는 데 있었으며 그는 어떤 전제된 견해나 이론을 확립하기 위하여 논쟁점을 발견하기 위한 목적에서가 아니라 겸허한 학습자의 심정으로 하나님의 말씀에 이르고 있다.[53]

칼빈은 철저한 말씀 중심의 신앙을 보여 주었다. 과격 종교개혁자들이 교회를 개혁하기 위하여 폭력 사용을 정당화하는 것을 배격하고 루터와 쯔빙글리같이 말씀의 회복만이 부패한 교회를 개혁하는 유일한 방법이라고 보았다. 그래서 칼빈은 하나님의 말씀인 설교라는 방편과 말씀의 양육 과정인 요리문답서를 가지고 제네바를 개혁하였다.[54]

또한, 칼빈은 철저한 실천적 신앙의 소유자였다. 칼빈은 제네바 교회 개혁에 세 가지의 구체적인 작업에 들어갔는 데 먼저 자녀들의 종교 교육이었다. 모든 어린이에게 복음적 신앙의 요점을 철저하게 가르치고 신앙고백을 이끌어 내어 다음 세대까지 종교개혁이 이어지는 데에 역점을 두었다. 또한, 도덕적 훈련을 시키고 지키게 함으로 새로운 교회, 새로운 질서를 만들고자 하였다.

칼빈은 많은 반대와 저항에 부딪히면서도 도덕과 교회의 규율에 따르지 않는 자를 수찬 정지까지 시켰으며 참된 신교 신앙고백과 새로운 교회 건설을 할 것인가, 거부할 것인가를 결단케 하여 거부하면 제네바시에서 추

---

[53] John Calvin, 『구약성경 주석 7』(존칼빈성경주석위원회), 148.
[54] 송맹섭, "존 칼빈의 교회개혁에 관한 연구-제네바 목회에 있어서 그의 예배개혁을 중심으로", 10-11.

방하고 시인하는 자만으로 제네바시를 구성하자는 '신앙고백'을 제정했다.[55] 칼빈은 오직 믿음을 삶에서 보이고 말씀을 삶에 적용하는 철저하게 실천적인 신앙을 보여 주었다.

3) 칼빈의 신학

당대 최고의 새로운 학문을 섭렵한 탁월한 신학자의 자질을 갖추기까지는 무엇보다 부모의 열성이 있었다. 부모가 마련해준 귀족의 자녀들만이 누린 교육의 혜택이 컸다. 또한, 환경적으로 인쇄술의 발달로 좋은 책들이 보급되었고 개혁 신학이 수립되는 과정에서 복음에 대한 새로운 인식이 싹텄고 중세 말기에 널리 퍼진 기독교 휴머니즘의 확산으로 인하여 대학과 학문이 발전하였기 때문이다.[56]

> 칼빈의 신학을 논하기에 앞서 칼빈은 스스로 자신에 관해 이야기하는 것을 좋아하지 않았다. 전기 작가들이 관심을 보일만한 사건들에 대해 침묵을 지키게 된 것은 그의 소심성과 여러 사람으로부터 자신을 보호하려는 귀족적인 경향, 그리고 자신은 하나님의 뜻을 이루는 도구 정도밖에는 아무것도 아니라는 확신 때문이었다.[57]

이렇게 프랑수아 방델이 말한 것처럼 칼빈 스스로가 자신의 신앙과 사상의 기원에 대해 명확한 글을 남겨놓지 않았으므로 칼빈의 사상의 기원을 진술하기가 쉽지 않다. 그러나 일부 자료를 근거한 많은 학자의 다양한

---

[55] 송맹섭, "존 칼빈의 교회개혁에 관한 연구-제네바 목회에 있어서 그의 예배개혁을 중심으로", 12.
[56] 김재성, 『개혁 신학의 전통과 유산-개혁 신학 광맥』 (용인: 킹덤북스, 2012), 117.
[57] 프랑수아 방델, 『칼빈: 그의 신학 사상의 근원과 발전』, 15.

연구 가운데 칼빈의 신학의 근원을 찾아볼 수 있다. 칼빈의 교리와 사상의 근원은 첫째로 성경이었다.

방델은 칼빈의 신학 이론의 근거를 찾고 더 나아가 그의 종교적 심성을 밝히려면 성경에 대한 그의 깊은 연구, 특히 예언서들과 사도 바울에 대한 그의 면밀한 독서에 초점을 맞추어야 한다고 주장한다.[58] 그는 성경 해석과 주석 저술에 많은 시간을 바쳤다. 칼빈은 특별히 성경 해석에 멜란히톤이 세웠던 원칙, 곧 "성경은 문법적인 이해가 우선되지 않고서는 신학적으로 이해될 수 없다"라는 말에 근거하였다.

칼빈 이전 시대는 신비적이고 우화적인 성경 해석 방법이 만연하여 비유적인 의미만을 추구했던 시대였다. 그러나 칼빈은 해석자의 상상력에 전적으로 의존된 이러한 해석 방법을 거부하고 히브리어 본문에 대한 주의 깊은 연구와 저자가 말하고 있는 취지와 의도에 보다 주의를 기울임으로써 문법적이고 문자적 의미를 연구하였다. 그의 유일한 결점이라면 성경이 문자적 의미뿐만 아니라 예언적, 복음적, 영적 의미를 지니고 있음에도 불구하고 교부들이 행한 신비적 해석 방법과 모호하고도 터무니없는 확대를 극도로 증오하여 멜란히톤의 원칙에 근거하여 너무 배타적인 태도를 보였다는 것이다.

그런데도 칼빈에게 두 가지 복음적 진리의 원칙이 있었는데 그것은 율법의 공로 없이 그리스도를 믿음으로 의롭게 된다는 것과 구원을 얻기 위해서는 개인적 성화가 필요하다는 교리였다.[59] 칼빈이 제시한 좋은 신학을 중심으로 하여 발전한 개혁 신학은 성경에 충실한 학문이다. 인간의 사변이나 토론이 아니라 성경의 가르침에 근거하여 정리한 신학이다. 로마 가톨릭의 스콜라주의를 벗어나서 이러한 새로운 경향을 시도한 종교개혁자

---

58 프랑수아 방델, 『칼빈: 그의 신학 사상의 근원과 발전』, 142.
59 John Calvin, 『구약성경 주석 7』(존칼빈성경주석위원회), 145-146.

들의 공통된 사상을 물려받은 칼빈에게 가장 중요한 책은 성경이었다.

칼빈의 신학은 하나님의 말씀 신학이었다. 그의 가장 첫 번째 목표는 성경에서 발견한 것을 충실하게 조직적으로 잘 표현하고 가르치는 데 있었다.[60] 또한, 칼빈은 초대 교회 교부들의 많은 저서를 주의 깊게 탐독하였다. 그의 1536년 판 『기독교 강요』에는 존 크리소스톰(John Chrysostom, 347~407), 오리겐(Origen, 184~254), 어거스틴(Augustinus, 354~430), 플라톤(Platon, B.C. 427~347), 아리스토텔레스(Aristoteles, B.C. 384~322), 키케로(Marcus Tullius Cicero)에 이르기까지 다양한 인물들의 저술이 등장한다. 그러나 칼빈은 교부들이 성경의 정도를 벗어날 때는 주저 없이 그들과 의견을 달리하는 태도를 보였다.[61]

칼빈은 스콜라 신학에서 하나님이 우리에게 계시하지 않은 것을 사람들이 탐구하고자 하는 것에 강하게 비난한다. 소르본 신학자들은 하나님이 감추고자 했던 것들을 탐구하기를 원했다. 그러나 그들은 추측하는 것 이상 나아가지 못해 불확실성 속에서 확신을 갖지 못했다. 칼빈은 신학자가 반드시 관심을 가져야 할 것은 진리와 확신과 유익이라는 사실을 지적했다.[62] 칼빈은 그러나 스콜라 신학에 대한 혐오가 있었음에도 안셀름(Anselmus, 1033~1109), 피터 롬바르드(Pierre Lombard, 1096경~1160), 토마스 아퀴나스(Thomas Aquinas, 1224~1274)의 저서를 연구하고 그들의 글을 문장 그대로 인용하곤 한 것으로 보아 중세의 스콜라 철학자들에게서도 영향을 받은 것으로 보인다.[63]

---

60   김재성, 『개혁 신학의 전통과 유산-개혁 신학 광맥』, 131.
61   이재근, "칼빈과 하이델베르크 요리문답의 율법이해", (신학석사학위 논문, 아세아연합신학대학원 2005), 43-44.
62   빌렘 판엇 스페이커르, 『칼빈의 생애와 신학』, 222-223.
63   이재근, "칼빈과 하이델베르크 요리문답의 율법이해", 44-45.

또한, 칼빈은 인문주의자들의 영향도 받았다. 칼빈의 이상형은 당시 세계적 헬라어 학자이자 문필가였던 에라스무스(Erasmus, 1466년-1536년)였다. 에라스무스는 가톨릭 신부로 살면서도 로마 가톨릭의 신학과 실천의 모순을 비판하는 글을 통해서 당대를 일깨웠다. 그래서 에라스무스가 주석을 펴낸바 있는 <세네카의 관용론>에 대한 주석을 자신의 첫 연구 대상으로 삼아 1532년 새로운 해설본을 자비로 출판하기도 했다.[64]

그러나 칼빈의 신학의 근원은 무엇보다도 선배 개혁가들로부터의 영향이었다. 칼빈은 항상 루터에게 존경심을 갖고 있었으며 그의 저서들을 일찍부터 탐독했다. 루터의 영향은 1536년 판 『기독교 강요』의 구조에서 드러난다. 내용상으로도 루터가 추진한 종교개혁의 핵심 신학 사상이 거의 그대로 반영되었다.[65] 그러나 루터는 인간을 위해 일하시는 하나님을 부각했지만 칼빈은 하나님을 위해 존재하는 인간의 모습을 강조한다. 하나님의 통치와 그의 섭리에 초점을 두는 것이 칼빈 신학이 루터 신학과 다른 점이다. 이 외에도 스위스 개혁가들의 영향도 받았을 것이다.

칼빈은 1537년에 부처와 처음 만났는데 이 스트라스부르 개혁자의 성찬에 대한 견해를 칼빈이 수용하였으며 1536년, 1539년, 1543년의 『기독교 강요』에는 부처의 주기도문 이해와 예정론, 율법, 성경, 성례, 회개, 교회론을 수용한 것을 볼 수 있다.[66] 칼빈의 신학 사상은 수많은 초기 종교개혁자들의 노력을 기초로 한 것이고 거슬러 올라가면 초대 교부에게 배운 것이며 더 거슬러 올라가면 성경에서 배운 것이다. 칼빈의 신학은 당시 로마 가톨릭의 전통에 사로잡힌 교회를 갱신하는 원리였고 여러 신학자의 주장을 종합적으로 체계화하여 제시한 것이다. 오늘날 칼빈의 신학을 매우 중요시하는 것은 당대에 이룩한 업적도 물론 많지만, 가톨릭교회가 주

64　김재성, 『개혁 신학의 전통과 유산-개혁 신학 광맥』, 118-119.
65　이재근, "칼빈과 하이델베르크 요리문답의 율법이해", 45.
66　이재근, "칼빈과 하이델베르크 요리문답의 율법이해", 46-47.

장하는 신학을 개혁하고 프로테스탄트 신학의 체계를 수립하였기 때문이다.[67] 그러한 칼빈의 신학에 대해 논하자면 먼저 칼빈 신학의 기본자세는 겸손이다.

> 나는 항상 크리소스톰이 준수했던 원칙, 즉 우리 철학의 기초는 겸손이라는 말을 극도로 좋아하여 왔다. 따라서 어떤 사람이 나에게 "기독교의 원칙에서 무엇이 가장 중요한 것이냐"고 묻는다면, 나는 첫째도 둘째도 셋째도 역시 '겸손'이라고 항상 똑같이 대답할 것이다.[68]

이렇게 말한 것처럼 신학자요, 교회 정치가요, 프랑스 개신교의 기초를 놓은 사람이요, 제네바아카데미를 세워 유럽의 인재들을 배출한 교육가였고, 교수이자 성경 주석가요, 성 베드로 예배당의 설교자였던, 이렇게 유럽 최고의 지성인이요 대학자였던 칼빈이었지만, 칼빈이 가장 소중하게 생각한 덕목은 '겸손'이었다. 칼빈의 신학은 그 바탕에 하나님 앞에서의 겸손이라는 정신이 스며 있었다.[69]

또한, 칼빈 신학의 두드러진 특징은 하나님의 섭리 인식이다. 칼빈은 자신의 뜻과는 상관없이 일어난 여러 차례의 인생의 사건들 가운데 하나님의 섭리로 받아들이고 순종하는 것을 반복하면서 그 여정이 바뀌는 것에 하나님의 섭리를 인식하게 되었다. 루터는 당시의 사람들을 교권으로부터 해방하려는 데에 더 많은 관심을 가졌던 반면 칼빈은 세상에 대한 하나님의 절대적인 주권을 이야기 한다. '오직 주님께 영광'이라는 신앙이 이러한 칼빈의 하나님 주권적, 하나님 섭리 인식의 신학의 모습을 보여 준다.

다음으로 칼빈의 신학을 말하자면 경건의 신학이라 할 수 있다.

---

67 김재성, 『개혁 신학의 전통과 유산-개혁 신학 광맥』, 114-115.
68 김재성, 『개혁 신학의 전통과 유산-개혁 신학 광맥』, 116.
69 김재성, 『개혁 신학의 전통과 유산-개혁 신학 광맥』, 115-116.

> 참된 경건은 아버지 하나님을 신실하게 사랑하는 감정과 주님으로서 그분을 두려워하고 존경하는 마음이 결합하여 그분의 의로움을 흠모하고 그분을 거역하는 것을 죽음보다도 더 두려워하는 것이다. 이 참된 경건이 주어진 사람은 그 누구든지 자신들만을 위해서 하나님께 어떠한 경솔한 행동이라도 함부로 하지 않게 될 것이다. 도리어 하나님으로부터 참된 하나님을 아는 지식을 추구할 것이며 그분 자신이 어떠하심을 보여 주시고 선포해 주시는 바대로 그분을 이해할 것이다.[70]

이렇게 칼빈이 말한 것처럼 그의 가르침은 하나님 앞에서 한 성도가 가져야 할 경건한 태도와 이념에 관한 것에 집중되어 있다. 그의 신학은 어떤 한 가지 주제가 아니라 성경에 담긴 가르침 전체를 모두 그대로 수용하여 하나님을 섬기고 예배하고자 한다. 그는 하나님의 영광과 그의 통치를 높이고 영광을 돌리기 위하여 신성의 특성과 본성들을 강조한다. 칼빈은 경건을 사랑보다 더 높은 위치에 놓고 믿음, 두려움, 존경심, 경외심, 사랑, 지식을 모두 다 함께 이 경건의 기본적인 요소들로 연결하고 있다.[71]

칼빈이 풀이한 개혁 신학의 윤리적 귀결은 바로 경건이다. 또한, 칼빈은 어거스틴이나 루터보다 훨씬 더 은총의 신학을 강조하였다. 하나님은 일반 은총을 주셔서 보편적으로 죄를 억제하시고 세상의 문화, 과학, 의학 등 학문의 발전을 도모하신다. 그러나 이런 은혜로는 하나님이 주시는 구원의 은혜를 받을 수 없다. 구원에 이르는 은혜는 하나님의 특별 은총으로 주어진다. 이 은혜를 받은 사람은 누구도 그것을 거부하지 못하며(불가항력적 은혜, Irresistible Grace), 하나님께서 끝까지 지켜주셔서 영생에 들어가게 (성도의 견인, Perseverance of the Saints) 하신다.[72]

---

[70] 김재성, 『개혁 신학의 전통과 유산-개혁 신학 광맥』, 124-125.
[71] 김재성, 『개혁 신학의 전통과 유산-개혁 신학 광맥』, 124-125.
[72] 김재성, 『개혁 신학의 전통과 유산-개혁 신학 광맥』, 125.

칼빈은 또한 성령의 신학자였다. 워필드 박사는 이렇게 부르는 이유를 칼빈의 신학 전반에 성령의 사역을 강조하는 내용이 매우 돋보이기 때문이라고 하였다. 칼빈은 그리스도의 구속 사역이 성취되는 모든 과정에서 역사하신 성령의 권능 있는 사역에 주목하였다. 칼빈 신학이 지금도 영향력을 발휘하고 있는 이유는 그의 신학이 가장 성경적이기 때문이고, 특히 더 중요한 것은 그 누구보다 삼위일체 하나님의 외적 사역을 공정하게 강조하면서 힘 있고 감화력을 발휘하는 성령의 사역을 되살려냈기 때문이다.[73]

김재성은 그의 저서『개혁 신학의 전통과 유산 - 개혁 신학 광맥』에서 칼빈의 신학에 대해 이렇게 정리하고 있다.

> 칼빈의 신학은 머리에서 나온 것이 아니라 가슴에서 나온 것이요, 손과 발에서 구체적으로 나타나는 신학이다.
> 신학을 누가 입술의 학문으로 말하려는가?
> 누가 지식이나 암기력으로 다른 학문처럼 신학이 가능하다고 생각하는가?
> 이것은 오직 인생의 전부를 다 바쳐서, 영혼을 다 던져서, 가슴으로 받아들이고, 가슴속 깊은 곳에서 찾는 것이다. … (신학은) 우리의 매일의 생활 속으로 파고 들어가야만 하는 것이요, 우리에게 그동안 아무런 열매도 맺을 수 없다고 생각되어 온 것들을 변화시키는 것이다.
> 불과 24살에 집필을 시작하여 26살에 출간한『기독교 강요』에는 칼빈의 신학 사상이 집약되어 있는데, 사도신경의 순서에 따라서 하나님, 성자, 성령, 그리고 교회에 대해 차근차근 설명하고 있다.[74]

---

[73] 김재성,『개혁 신학의 전통과 유산-개혁 신학 광맥』, 148-149.
[74] 김재성,『개혁 신학의 전통과 유산-개혁 신학 광맥』, 128.

칼빈은 당시 재세례파, 로마 가톨릭, 동료 종교개혁자들, 이중적으로 처신하던 니고데모파들, 그리고 다른 반대파들에 대한 견해를 명쾌하게 밝혀 줌으로써 개혁 신학의 방향을 결정해 주었다.[75] 존 칼빈의 영향으로 개혁 신학은 서구 유럽과 북미 대륙에 있는 개신교 교회 전체에 엄청난 감동을 불어 넣었고 세계 전역으로 퍼져 나갔다. 스위스와 프랑스, 네덜란드 개혁교회는 유럽 내의 모든 삶의 영역에서 광범위한 영향을 끼치고 있으며 남아프리카와 북아메리카 그리고 장로교를 받아들인 아시아의 여러 나라에까지 퍼져 나갔다.

  칼빈은 로마 가톨릭의 영향에서 벗어나 개혁주의 신학의 본질과 내용을 구성한 특출한 설계자요 그 기초를 놓은 공로자였을 뿐만 아니라 아직도 프로테스탄트 전체의 방향을 결정지어주는 영향력을 발휘하고 있다. 칼빈은 모든 철학적이고 인문주의적인 이념들을 배제하고 최대한 성경과 결합하고자 했으며, 기독교 신앙의 객관성을 확보하려고 주력하였고 그 누구도 따라올 수 없는 개혁주의 신학의 확고한 토대를 마련하였다.[76]

  '항상 개혁하는 교회'(ecclesia semper reformanda)를 주장한 칼빈은 오늘날 우리의 교회와 신학이 주님의 말씀과 뜻에 따라 계속적으로 새로워져야 함을 보여 주고 있다.

---

75 김재성, 『개혁 신학의 전통과 유산-개혁 신학 광맥』, 134.
76 김재성, 『개혁 신학의 전통과 유산-개혁 신학 광맥』, 151-153.

2. 우르시누스

1) 우르시누스와 신앙 교육서

팔라티네이트는 독일에서 가장 아름다운 지역 중 하나로 그 중심부에는 라인강 상류가 흐르고 있다. 고대 프러시아 제국이 패망(1806년)하면서 이곳 명칭은 사라졌는데 독일의 황제를 선출하는 7개의 선거구 가운데 하나인 팔라티네이트 지방의 수도가 하이델베르크였다(1231년-1720년). 그래서 하이델베르크 요리문답을 팔라티네이트 요리문답이라고 부른다. 독일에서 가장 오래된 대학인 1386년에 세워진 하이델베르크대학이 있던 이곳은 그러나 로마 가톨릭교회의 강력한 요새였기에 종교개혁이 깊이 파급되기는 쉽지 않았다.[77]

루터가 죽던 1546년 선제후 프레데릭 2세의 주도 아래 종교개혁이 일어났는데 이 종교개혁의 핵심 공헌자는 팔라네이트 출신인 멜란히톤으로 하이델베르크대학의 고문이었다. 멜란히톤(Philipp Melanchthon, 1497~1560)은 특히 온건한 루터주의와 칼빈주의가 서로 조화를 이루도록 힘을 기울였는데 그 결과 아우구스부르그 신앙고백서가 교리적인 기초로 채택되었고 예배의식은 쯔빙글리의 방식을 따라 단순하게 조정되었다.[78]

1566년 오토 헨리 백작이 선제후가 되었는데 그는 처음에 루터교의 고백을 좋아했지만, 나중에 개혁교회로 기울어졌다. 그래서 그는 하이델베르크대학 신학 교수들을 개혁 신학자들로 지명하였다. 그래서 그가 죽을 때(1559년)에는 개혁파 설교자들이 루터교 설교자들보다 많았고 그 뒤를 프레데릭 3세가 이었다. 하이델베르크가 다른 나라에서 프로테스탄트 학

---

[77] 이재근, "칼빈과 하이델베르크 요리문답의 율법이해", 69.
[78] 이경화, "학생 요리문답의 신학적 분석 및 한국에서의 적용 가능성 연구", 22.

자들을 불러들이기 시작하자 순식간에 루터파, 필립파, 칼빈파, 쯔빙글리파의 격전장이 되었다. 이러한 이유로 모두의 공통적 신앙고백을 통일하는 하이델베르크 요리문답을 급히 작성하도록 하는 원인이 되었다.

또한, 여기에는 선제후 프레데릭(Frederik III) 3세의 역할이 컸는데 강력한 가톨릭 가문 출신에서 아내의 도움으로 개신교도가 되었던 그는 1559년 팔라티네이트의 선제후 자리에 오른 후 종교개혁을 마무리 짓고 싶어 멜란히톤에게 자문하였다. 1560년대에 이르러 갈등이 심화하였는데 한 루터파 목사와 칼빈주의를 따르는 집사가 시의회에서 주일날 거행하는 성만찬을 놓고서 격론을 벌이는 일이 벌어졌고 프레데릭 3세는 양편의 싸움을 진정시킬 묘안을 찾기 위해 고심하였다.

또한, 당시 매우 영향력이 있었던 의사이자 의학 교수인 토마스 에라스투스가 1558년 하이델베르크대학에 부임하였는데 그는 프레데릭 3세에게 이런 종교적인 문제에 대해서 적극적으로 대처하여 해답을 제시해 달라고 간청하였다.[79] 프레데릭 3세는 1560년 성찬론에 대한 공개토론회를 마련하여 멜란히톤과 칼빈의 사상 쪽으로 견해를 통일시키는 한편 외국의 저명한 신학자들을 대학에 불러들였다. 그들 중 1560년 올리비아누스를 하이델베르크의 궁정 목사로 초빙하였으며 1561년 하이델베르크대학의 신학부 교수가 되었다.

1562년에는 우르시누스를 하이델베르크대학 교수로 초빙하였다. 그리고 우르시누스와 올리비아누스에게 사상을 통일하고 후 세대들에게 종교교육의 기초가 될 수 있는 하이델베르크 요리문답을 제정하도록 위임하였다. 1562년부터 우르시누스는 올리비아누스와 함께 교리의 순수성과 단순성을 기하려는 의도에서 요리문답 작성에 함께하였다.[80] 한편에는 로마

---

79 김재성, 『개혁 신학의 전통과 유산-개혁 신학 광맥』, 213-214.
80 김재성, 『개혁 신학의 전통과 유산-개혁 신학 광맥』, 222-223.

교회의 풍습이 남아있고 다른 한편으로는 루터파의 신학과 칼빈주의 신학의 대립이 일어나자 통일된 신앙고백이 절실히 필요했다.

우르시누스는(1534-1583) 1534년 7월 18일 실레지아의 수도 브레슬라우에서 덕망 있는 부모에게서 태어났으나 세상의 관점에서 보면 그들의 형편은 지극히 평범한 계층에 속한 사람들이었다. 그의 성은 베어였으나 당시 식자층의 풍조를 따라 좀 더 격조 높은 라틴어 이름인 우르시누스로 바꾸었다. 그의 부모는 그가 어릴 때부터 지식을 습득하는 데에 남다른 재능이 있음을 발견하고 열여섯 살에 비텐베르크로 보내어 멜란히톤이 후원하고 있던 그곳의 명망 있는 대학교에서 7년간 공부하며 멜란히톤의 영향을 입었다.[81]

인문학의 초보자가 외국의 학자들과 개인적으로 대면할 기회가 되는 그런 유의 여행이 당시에는 신학 훈련의 필수 과정에 속하였는데 그의 고향 브레슬라우의 의회가 공금으로 그의 여행을 위한 경비를 충당해주었고 그는 고향 의회의 따뜻한 배려에 대한 보답으로 후에 고향인 브레슬라우를 섬기는 일로 자신의 공직 생활을 출발하였다.[82]

우르시누스는 멜란히톤의 영향을 지대하게 받은 인물이다. 1557년 멜란히톤과 보름스의 회의에 같이 참석하기도 했으며 그 후에 제네바와 파리를 방문하고 비텐베르크로 돌아왔다. 비텐베르크로 돌아올 즈음에 그는 브라슬레우 당국으로부터 그 지방의 학교인 엘리자베스 김나지움의 책임을 맡아달라는 청을 받았다. 그러나 얼마 지나지 않아 성례에 대하여 불건전한 믿음을 갖고 있다는 혐의를 받게 되었다. 우르시누스가 성찬에 그리스도께서 임재하신 문제에 대해 칼빈주의적인 견해를 지지함으로 루터파들에 의해 공격을 받았는데 그가 자신의 견해를 변호하기 위해 소책자로

---

[81] Zacharias Ursinus, 『하이델베르크 요리문답 해설』, 17-18.
[82] Zacharias Ursinus, 『하이델베르크 요리문답 해설』, 19.

<성례 상의 임재에 대한 견해>를 간결하게 요약하여 제시하였다. 그런데도 우르시누스는 '성례 상징론자'라는 조롱을 받았고 1560년 10월 그는 취리히로 가게 된다.[83] 그가 고향을 떠날 무렵 스승 멜란히톤이 서거하자 쮜리히를 방문하여 불링거와 피터 마터 버미글리의 가르침을 경청하게 되었고 개혁 신학에 눈을 뜨게 되었다.

제네바에 한동안 머물면서 칼빈의 따뜻한 환대를 받았고 개혁 신학을 확고히 정립하였다. 특히, 피터 마터 버미글리의 열렬한 추종자가 되었는데 그는 칼빈이 극찬했던 『성찬론』의 저자였다. 버미글리는 하이델베르크대학의 교수로 청빙을 받자 나이가 많다는 이유로 총명한 제자 우르시누스를 추천하였다.[84] 설교에는 탁월한 재능이 없었지만, 학문적 강의에는 뛰어났던 그는 버미글리와 프레데릭 3세에 의해 1561년 28살의 나이로 하이델베르크대학의 신학부 교수가 되었다.

그리고 얼마 지나지 않아 그는 팔츠교회 내에서 시작된 새로운 운동을 주도하는 인물로 부상했다. 그의 후견인인 프레데릭 선제후가 사망할 때까지 15년 동안 하이델베르크에 머물며 지칠 줄 모르는 끈기와 근면함으로 수고하였다. 우르시누스와 하이델베르크 요리문답에 있어 꼭 빼놓아서는 안 되는 사람이 올리비아누스이다. 하이델베르크 요리문답 작성에 그 역할이 정확하게 무엇이었는지 밝혀져 있지는 않지만 하이델베르크 요리문답에 직간접으로 기여한 것은 칼빈이나 베자에게 보낸 서신이나 여러 역사적 자료들을 통해 짐작할 수 있다.

올리비아누스는(1536-1587) 프랑스 출신으로 훌륭한 부모의 높은 교육열에 부응하여 존 칼빈이 걸어간 길을 그대로 따라가면서 자신의 학문을 발전시켰다. 파리 소르본느에서 로마 가톨릭 신부가 되는 과정을 거쳤으

---

83 Zacharias Ursinus, 『하이델베르크 요리문답 해설』, 19-21.
84 김재성, 『개혁 신학의 전통과 유산-개혁 신학 광맥』, 220-221.

며 오를레앙과 부르쥬에서는 법학을 공부하였다. 그리고 제네바에서 칼빈에게 신학을 배우게 되었다.

그가 회심하게 된 것은 부르쥬에서 법학을 공부하던 시절이었다. 프레데릭 3세의 아들인 루드비히와 강에 놀러 갔다가 강에 빠진 왕자를 구하려고 뛰어들었고 힘이 빠져 죽게 되었을 때 하나님께 생명을 살려주시면 고향으로 돌아가 복음 전파에 일생을 바치겠다고 맹세하였는데 하인 중 한 명이 그를 살려주었고 1559년 그는 고향인 트레베스에 돌아와 사역을 시작함으로 약속을 지켰다. 개혁자들의 저술을 탐독하고 신학을 공부하기 시작하였는데 피터 마티어, 칼빈, 베자의 영향을 받았으며 특히 칼빈의 작품들을 연구하였다.

우르시누스가 올리비아누스와 함께 프레데릭 선제후로부터 요리문답 작성의 임무를 맡았을 때 두 사람은 먼저 각자 별도로 요리문답의 체제나 대략적인 구성을 입안하였다. 올리비아누스는 은혜 언약에 대한 대중적인 소책자를 작성하였고 우르시누스는 성인들을 위한 대요리문답과 어린이들을 위한 소요리문답을 작성하였는데 현재의 요리문답은 이 예비적인 저작들에 근거하여 작성한 것이다. 처음부터 요리문답을 작성하는 주된 책임은 우르시누스에게 있었다는 것이 일반적인 견해다.[85]

1562년 12월에 작성한 요리문답은 총회의 승인을 거쳐 1563년 1월 독일어로 출판하였다. 불링거는 이 요리문답을 누구보다도 높이 평가하여 칼빈과 베자에게 편지를 보내어 이 요리문답을 프랑스어로 번역해서 사용해 달라고 요청하기도 하였다.[86] 이 요리문답은 발간되던 해에 세 판이나 더 찍어낼 정도로 대중에게 급속히 알려졌고 주일에 간단히 교리를 가르치는 용도로 사용하게 되었다. 제3판이 나올 때는 모든 질문과 대답이 주

---

[85] Zacharias Ursinus, 『하이델베르크 요리문답 해설』, 24.
[86] 김재성, 『개혁 신학의 전통과 유산-개혁 신학 광맥』, 219.

일이라는 이름 아래 52부분으로 엮어져서 모든 요리문답을 일 년에 걸쳐 배울 수 있도록 하였다.[87]

하이델베르크 요리문답이 처음 출간되자 독일 전역에서는 그것을 하나의 선전포고로 받아들였고 요리문답은 루터파 교회 전체로부터 분노에 가득 찬 격렬한 반발을 받았으며 비방과 질책이 쏟아졌다. 루터교회 내의 강경파의 눈에는 이 새로운 신앙고백 때문에 독일 교회의 연합과 안정은 물론 평화마저도 위험에 처한 것으로 보았다. 공격의 포문을 연 것은 틸레만 헤수스와 플라키우스 일리리쿠스였다. 이들은 하이델베르크 요리문답을 칼빈주의적인 요리문답이라 부르면서 도저히 용납할 수 없는 비방과 욕설을 퍼부었다.

이러한 전면적인 공격으로 인하여 프레데릭 선제후와 그의 개혁 신학자들은 심각한 시련에 봉착했다. 이런 다방면의 아우성에 대해 즉각적이고 강력한 답변으로 대처해야 할 필요가 있었고 하이델베르크의 연합 신학 교수회의 이름으로 답변서가 출간되었는데 그것을 준비하는 임무를 우르시누스가 맡게 되었다. 우르시누스는 그 일을 잘 완수하였고 하이델베르크 요리문답의 명예가 완전히 보상되었으며 그 권위가 더욱 견고하게 되었다.[88]

한편 최초로 루터교회의 신조와 차이가 있는 개혁교회의 신조를 채택한 독일 군주였던 프레데릭 3세는 이 때문에 비난과 위협을 감수해야 하기도 했지만 1566년에 열린 아우구스부르그 회의에서 황제 앞에 나서 자기의 신앙을 담대하게 고백하였고 양심을 거스르는 것보다는 차라리 왕관을 벗을 준비가 되어있다고 외침으로 황제가 감동하여 황제의 지원 속에 하이델베르크 요리문답의 완성을 이루게 되었다.[89]

---

87 이경화, "학생 요리문답의 신학적 분석 및 한국에서의 적용 가능성 연구", 33.
88 Zacharias Ursinus, 『하이델베르크 요리문답 해설』, 27-28.
89 이경화, "학생 요리문답의 신학적 분석 및 한국에서의 적용 가능성 연구", 23.

1559년부터 1622년까지의 기간을 제2 종교개혁 기간으로 부르는데 프레데릭 3세의 재위(1559년) 기간부터 30년 전쟁이 한창이던 1622년 스페인 군대에 의해서 하이델베르크가 함락될 때까지 칼빈주의 개혁교회는 학문과 출판과 철학의 꽃을 피웠다. 최고의 지성을 제공한 하이델베르크 대학과 가장 유수한 장서를 소장한 도서관, 도시의 수입을 증진하는 번창하는 출판사들이 칼빈주의 신앙의 가치를 구현하고 있었다. 하이델베르크는 개혁신앙을 가졌다는 이유로 망명을 해야 했던 목회자들의 피난처였고 정치인과 귀족들, 고급관리들의 도피처 역할을 함으로 활발한 종교개혁의 배경이 되었다.[90]

1571년 우르시누스는 갑작스럽게 로잔으로부터 청빙을 받기도 했으나 선제후는 그를 하이델베르크에 남겨두었다. 그 이듬해 우르시누스는 결혼하였고 이로 말미암아 큰 위로와 쉼을 얻었다. 프레데릭 3세가 죽고 그의 아들 루이스 6세가 선제후가 되면서 하이델베르크에 정치적 변화가 생기게 되었다. 루이스는 루터파로 복귀하였고 결국 두 사람은 하이델베르크 대학에서 쫓겨났다. 올리비아누스는 헬본으로 가서 교회를 개혁하는 일을 계속하였으며 그곳에서 1578년 갈라디아서 주석을 출판하였는데 베자가 서문을 썼다.

우르시누스는 사망한 선제후의 둘째 아들인 카시미르 공작의 보호를 받았다. 카시미르 공작은 노이슈타트 김나지움을 키워서 과거 하이델베르크 대학이 개혁교회를 위해 하던 역할을 담당하고자 우르시누스를 교수로 임명하였다. 팔츠에서의 루터주의 승리는 얼마 가지 못했다. 한창나이였던 루이스가 갑자기 사망하였기 때문이다. 통치권을 쥐게 된 카시미르 공작은 개혁신앙을 이전의 권위로 회복시키기 위한 수단들을 연구하였으며 과거 프레데릭 선제후의 사망 이전의 상태로 질서를 회복하였다.

90　김재성, 『개혁 신학의 전통과 유산-개혁 신학 광맥』, 211.

그러나 우르시누스는 건강이 나빠져서 결국 카시미르 공작이 권좌에 오른 1583년 3월 조용히 운명하였다. 그는 노이슈타트교회의 성가대석에 안장되었고 그의 동료들은 그곳에 기념비를 세웠다.[91] 그는 또한 노이슈타트에서 요리문답서를 강해하였는데 그의 강의가 편집되어 우르시누스가 죽은 후에 하이델베르크 요리문답서 주석으로 출판되었다.

2) 우르시누스의 신앙

우르시누스의 신앙에 관해서는 특별한 연구나 밝혀진 자료가 거의 없는 관계로 우르시누스의『하이델베르크 요리문답 해설』서문에서 간략하게 살펴볼 수 있다. 네빈이 우르시누스가 내면적으로 안정될 뿐만 아니라 영적으로 깊은 경건한 삶을 사는 마음 상태를 유지하고 있었음을 지적한 것에서 우르시누스는 내면적으로 안정된 성품의 소유자로 경건의 신앙을 소유한 사람인 듯하다.

이것은 멜란히톤도 증거하고 있는데 멜란히톤이 비텐베르크의 과정을 마치고 잠시 해외를 다니며 다른 지역의 지성계를 관찰하고 익히고자 할 때 공식 추천서를 들려 보냈는데 그 추천서에서 우르시누스의 건전한 학식과 하나님을 향한 진지한 경건으로 우리들 모두에게서 사랑을 받았다고 말하며 그를 올바르고 점잖은 기풍을 지닌 사랑과 칭송을 받기에 합당한 젊은이로 묘사하였다.[92]

또한, 네빈은 그가 나서기를 싫어하는 성품을 지녔으며 홀로 묵상과 스스로 교통하는 데에 익숙했고 분쟁을 혐오하며 신비로우면서도 논리적이고, 지적이며, 예리함과 동시에 사색이 깊은 사람이었다고 말한다.[93] 예술

---

91 Zacharias Ursinus,『하이델베르크 요리문답 해설』, 31-33.
92 Zacharias Ursinus,『하이델베르크 요리문답 해설』, 18-19.
93 Zacharias Ursinus,『하이델베르크 요리문답 해설』, 35.

과 인문 과학에 능통하였으며 고전 문학과 철학, 신학은 물론 시에도 능하여 라틴어와 희랍어로 시를 지어 감동을 주기도 했다. 그는 타고난 재능을 발전시켜 지성적인 면과 감성적인 면, 그리고 영성에도 깊은 인물이었다.

신앙은 그에게 있어서 살아있는 의미를 지니며 속마음으로 느끼는 경험이요 지극히 높고도 포괄적인 영혼의 습관이었다. 비텐베르크 종교개혁의 지도자로 부모로부터 이어진 깊은 신앙을 소유한 멜란히톤이 평생토록 그와 개인적으로 친밀한 교분을 나누었다는 사실은 그가 어떤 사람이었는지를 보여 주는 대목이다.[94]

우르시누스는 시간을 무엇보다 소중하게 여겼으며 자기의 모든 재능과 능력은 자신의 것이 아니라 구주 예수그리스도의 것으로 주를 섬기는 것 외에 다른 것에 소비할 권한이 자기에게 없다고 생각[95]할 만큼 청지기 신앙을 소유하였다. 또한, 그의 장례식사를 담당했던 유니우스는 그의 입에서 하찮은 한담을 들은 적이 한 번도 없었다고 증언한[96] 것에서 그만큼 자기 생각을 제어하고 자신의 혀를 제어하는 절제의 신앙을 발견하기도 한다.

우르시누스는 고요한 성품에도 불구하고 오류를 저항하거나 진리를 지키는 데에는 다른 어느 사람보다도 단호하고 확고했고 신조의 내용을 진실하게 끈질기게 지키는 면이 강했다.[97] 이러한 타협하지 않고 굴복하지 않는 신앙의 태도는 그로 하여금 종교개혁운동의 대변자가 되게 만들었다.

우르시누스는 칼빈이 그랬던 것처럼 거의 개혁교회들 전체의 대변자가 되었다고 해도 과언이 아니다. 개혁신앙의 지도자들이 속속 사망하자 광

---

[94] Zacharias Ursinus, 『하이델베르크 요리문답 해설』, 18.
[95] Zacharias Ursinus, 『하이델베르크 요리문답 해설』, 34.
[96] Zacharias Ursinus, 『하이델베르크 요리문답 해설』, 34.
[97] Zacharias Ursinus, 『하이델베르크 요리문답 해설』, 35.

범위한 지식에 있어서나 쟁점이 되는 문제들의 본질에 대한 명확한 통찰력에 있어서나 개혁신앙의 대변자로서의 자질을 갖춘 사람으로서 우르시누스를 능가할 인물이 없었다. 그는 당대 개혁파의 신앙을 대변하는 인물이고 개혁신앙의 교회를 이끌어가는 버팀목이었다.[98]

3) 우르시누스의 신학

우르시누스의 신학에는 먼저 멜란히톤의 신학을 눈여겨 볼 필요가 있다. 처음 우르시누스 신학의 기초는 루터파의 입장이었다. 그것은 멜란히톤이 루터의 제자요 동역자로서 평생 루터의 종교개혁 신학을 체계화시켜 발전시키는데 헌신하였고 개신교 투쟁 전선에 루터와 나란히 섰었던 인물로, 우르시누스의 스승으로 지대한 영향을 미쳤기 때문이다. 그러나 멜란히톤의 죽음 이후 우르시누스는 개혁 신학에 눈을 뜨게 된다. 수많은 개혁 신학자의 저서를 연구하고 만났으며 제네바에서는 칼빈을 통해 개혁 신학을 확고하게 정립하게 되었다.

멜란히톤이 과거 여전히 로마 가톨릭 측과 타협을 할 수 있다고 믿었고, 정쟁이 될 수 있으면 피하고 매우 첨예하게 대립한 논쟁 상황에서도 대화를 포기하지 않았던 탁월한 협상가였던 반면에 우르시누스는 개혁주의 신학에 근거해서 오류를 저항하거나 진리를 지키는 데에는 다른 누구보다도 단호하고 확고했다. 이런 점에서는 그가 멜란히톤보다 월등했다. 종교개혁 기간 개혁진영을 분열시키는데 핵심교리는 성만찬 신학이었다.

개혁진영 모두가 로마 가톨릭의 화체설을 반대하였지만, 성만찬의 본질에 관해서는 서로의 입장을 달리하였다. 루터의 공재설, 츠빙글리의 상징설, 칼빈의 영적 임재설 등은 그리스도의 현존방식에 대한 입장 차에서 비

---

98 Zacharias Ursinus, 『하이델베르크 요리문답 해설』, 24.

롯한 것으로 여기에는 기독론과 신론이 함께 묶여 있어 그 누구도 속시원하게 해명할 수 없었던 과제였다.

멜란히톤은 우선 루터파와 개혁파(츠빙글리파와 칼빈파)를 중재하려는 태도를 보였다. 그는 성만찬을 하나님의 자비로운 의지를 표현하는 가시적인 표지로 간주하면서 제단 위에 그리스도의 몸의 현존은 신앙에 대한 신비로 보았다. 이것은 루터파보다는 칼빈파에 가까운 견해로 멜란히톤은 "숨어들어온 칼빈주의"란 소리까지 들었다.

그러나 우르시누스는 성만찬에 있어서 칼빈주의를 지지하였고 이로 인해 루터주의자들에게 성례 상징론자라는 조롱을 받기도 하였다. 또한, 처음부터 끝까지 학문적, 신학적 정신이 가득 배어 있는 하이델베르크 요리문답을 통해 철저하게 시종일관 교리를 삶의 형식으로 인식하는 실천적 신학을 보여 준다.

유럽 최고의 지성인이요 대학자였던 칼빈이었지만, 칼빈이 가장 소중하게 생각한 덕목이 겸손으로 칼빈 신학의 바탕에 하나님 앞에서의 겸손이라는 정신이 스며 있었던 것처럼 우르시누스 역시도 겸손의 신학이다. 그는 온유하고 겸손한 사람으로 절대 주제 넘은 행위를 하지 않았고 그의 자세도 교만이나 잘난 체하는 것과는 거리가 멀었다.

네빈은 『하이델베르크 요리문답 해설』 서문에서 그는 이름을 떨치기보다는 오히려 뒤에 무명으로 숨어 있기를 항상 바라는 것 같았다고 기록하고 있다. 그의 생전에 나온 그의 저작들은 무명으로 혹은 하이델베르크 교수회의 이름으로 출간되었고 그의 사망 후까지 그의 저작 대다수가 출간되지 않아 전혀 빛을 보지 못했다.[99]

---

[99] Zacharias Ursinus, 『하이델베르크 요리문답 해설』, 35.

제4장

제네바(1542)와 하이델베르크(1563) 신앙 교육서

1. 제네바 신앙 교육서의 구조와 영향

1) 제네바 신앙고백서(1536)

칼빈은 교회 내의 질서와 순결성을 중요하게 생각했기에 만인이 하나의 신앙고백을 하는 것은 중요한 의미가 있는 것이었다. 헤셀링크에 따르면, 칼빈은 질서 있는 교회에 절대적으로 필요한 세 가지는 신앙고백과 교회 헌법, 그리고 강요라고 생각했다. 제네바 교회는 아직 교황파와 개혁파 간에 잠재해 있는 싸움이 남아있기 때문에 교회의 개혁을 위해서는 모든 신자가 확실한 선언을 하도록 하는 것이 중요했다. "제네바의 모든 시민과 거주자들과 이 지방의 모든 권속이 반드시 지키며 준행하기로 서약해야만 한다"라고 시작하는 신앙고백서는 제1차 제네바 교리문답을 21개 항으로 구성하여 작성하였다.[1]

제네바 교리문답은 성도들의 신앙 교육용으로 사용하였지만, 이 신앙고백서는 제네바 전체 시민들이 서약하도록 공적 권위를 강화하였다. 칼빈

---

[1] 채계관, 『존 칼빈의 제네바 요리문답서』(개혁주의학술원), 4.

의 제네바를 향한 이 신앙고백서는 당시 상황에선 매우 강력한 요구였다. 아직 개혁파가 완전한 승리를 쟁취하지 못한 상태였기 때문이다. 결국 이 고백서는 거부되고 말았다. 제네바 신앙고백서는 사도신경을 중심으로 교리를 논리적으로 체계화한다. 사도신경의 구조를 성부, 성자, 성령, 교회, 종말이라는 논리적 구조로 조직화하고 이 형식은 신론, 기독론, 구원론, 교회론, 종말론이라는 구조로 체계화되었다.[2]

① 항의 특징은 다른 교리를 받아들이지 않고 오직 하나님의 명령인 성경만을 받아들인다는 성경의 권위를 강조하였다.
② 한 분이신 하나님.
③ 만민을 위한 하나님의 법칙(십계명).
④ 우리는 자연인으로서 철저히 무능력하므로 본성적으로 하나님의 의로우심에 순종해야 하는 본래의 인간.
⑤ 타락한 인간.
⑥ 예수님 안에 있는 구원.
⑦ 예수님 안에 있는 의로움.
⑧ 예수님 안에서 새로 태어난 삶.
⑨ 죄 사함.
⑩ 하나님의 은혜에 의한 선.
⑪ 믿음.
⑫ 하나님께 구하는 기도와 그리스도의 중보.
⑬ 바른 기도, 로마 카톨릭에서 주장하는 성지순례, 수도원제도, 음식의 차별, 결혼의 금지, 고해성사 등을 사탄의 타락한 교리로 치부하고 저주

---

[2] 신원균, "스코틀랜드 신앙고백서와 웨스트민스터 신앙고백서의 교회론적 구조와 언약신학적 특징에 관한 연구" (신학박사학위 논문, 칼빈대학교대학원, 2009), 64.

하는 성례전.
⑭ 세례(유아세례 인정).
⑮ 성만찬(영적 임재설 제시, 화체설은 우상숭배).
⑯ 인간의 전승(교회 질서 존중).
⑰ 교회의 본질.
⑱ 출교 조항이 포함된 권징.
⑲ 하나님의 말씀에 쓰임 받는 사람으로서의 목사.
⑳ 사역자와 국가 위정자의 권위를 인정하고 충성할 것으로 구성되어 있다.

2) 제1차 신앙 교육서(1537)

전에 만든 신앙고백서가 시의회에 의해 아쉽게 거부됐지만 옛 사상과 습관에 물들어있는 신도들과 종교개혁운동을 추종하는 부모들이 자녀들의 신앙 교육에 태만한 것을 보면서 칼빈은 종교개혁의 성공을 위해서는 개혁에 있어서 중요한 것이 신조와 요리문답이라는 생각을 버리지 못했다. 결국, 몇 개월 되지 않은 1537년 1월에 다시 1536년 판 신앙고백서를 훨씬 더 보강하여 <신앙 교육 요강 및 신앙고백>이라는 요리문답서를 내놓았고 1537년 2월부터 인쇄되어 시중에 유포되기 시작했다.

칼빈이 여기에 중점을 둔 것은 신자가 꾸준한 양육과 교육을 통할 때 신앙을 바르게 유지할 수 있다는 생각 때문이었다. 여기에도 신앙고백이라는 말이 들어가 있는데, 칼빈의 교회개혁의 의지가 얼마나 강한지를 보여준다. 이 요리문답서는 카롤리가 로잔에서 칼빈과 그의 동료들을 아리안주의자라고 혐의를 씌운 것에 대하여 공적으로 변증하기 위한 목적도 가

지고 있었다.³

　1537년 2월에 모든 제네바 시민들이 이 요리문답서에 서명하도록 규범이 정해졌다. 그러나 많은 사람으로부터 내외적으로 반발을 사게 되어서 이것은 목회 현장에서 큰 영향력을 발휘하지 못했다. 이 첫 번째 요리문답서가 사람들에게 주목을 받지 못한 이유는 너무 어려운 용어로 쓰여 졌고 주제별로 되어 있기 때문에 어린이들이 이해하기 어려운 부분이 있었다. 그러나 최근 들어 칼빈주의 학자들에게 이 첫 번째 요리문답서의 가치가 재인식되고 있다.

　헤셀링크는 방대한 『기독교 강요』를 다 읽을 만한 시간이 있지 않은 사람들에게 칼빈의 사상을 소개하는 간략하고, 명확하며, 간결한 입문서라고 말했고 『기독교 강요』의 영문판 출간을 위한 편집장을 맡았던 맥닐은 이 요리문답서는 "압축미와 단순성에 있어 걸작이며 칼빈의 사상 이해를 위한 최상의 열쇠이다"라며 최고의 찬사를 보낸다.⁴

　이 첫 번째 요리문답서는 6개의 부분으로 나눈다.

① 하나님과 인간.
② 율법.
③ 신앙.
④ 기도.
⑤ 성례.
⑥ 교회와 국가.

3　채계관, 『존 칼빈의 제네바 요리문답서』 (개혁주의학술원), 5.
4　채계관, 『존 칼빈의 제네바 요리문답서』 (개혁주의학술원), 6.

크게는 십계명, 사도신조, 주기도문, 교회(성례)의 구조를 보이는데 이것은 루터의 대요리문답서를 골격으로 하였으며 내용으로 『기독교 강요』(1536)의 요약이라고 볼 수 있다. 전체는 58개 조항이고 문답형태가 아닌 서술문이며 1536년 프랑스판과 1537년 라틴어판이 있다.

3) 제2차 신앙 교육서(1542)

칼빈은 1541년 제네바 사역자들의 간청에 목회 직의 제 수락에 대한 필수조건으로 교리문답 교육을 제시했으며 돌아온 직후 1541-2년에 프랑스판, 1545년에 라틴어판을 출판했다. 이것은 스트라스버그에 체류하는 동안 만났던 부처가 사용하고 있던 '간략한 요리문답서'의 영향을 받아 1차 교리문답과는 다르게 목사와 학생의 대화체인 문답 형태로 구성되었는데 첫 번째 요리문답서가 사람들에게 주목을 받지 못한 이유가 너무 어려운 용어로 쓰였고 주제별로 서술문 형태로 작성되어 어린이들이 이해하기 어려운 부분이 있었기 때문이었다.

55과로 나누어서 1년 동안 매주일 교육하도록 만들었다. 라틴어판에서는 <이것은 그리스도의 교훈을 자녀들에게 가르치기 위한 교리문답이다>라는 제목으로 시작하고 있다. 전체는 373문이며, 제1-130문은 사도신경의 해설로 기독교의 기본신앙을 가르치고, 제131-232문은 십계명의 해설로 율법을 가르치며, 제233-295문은 주기도문의 해설로 기도를 가르쳤고, 제296-309문은 하나님의 말씀을 가르치며, 제310-373문은 성례를 가르친다.[5]

55주일로 구성(52주와 3절기)했고, 구조적인 특징 중에 1차 신앙 교육서와 달리 십계명을 사도신경의 뒤에 둠으로써 칼빈의 율법에 대한 중요한

---

[5] 박일민, 『개혁교회 신조』 (서울: 성광문화사, 1998), 75.

이해를 엿볼 수 있는데 루터의 문답서에서 나타나는 "율법과 복음"의 구조가 "복음과 율법"의 구조로 전환된 것이다. 칼빈은 율법이 단지 구원받는 데 있어서만 필요한 것이 아니라, 구원받고 난 이후에도 성도에게 있어서 하나님의 뜻을 제시해 주는 "삶의 규범"으로도 사용할 수 있다고 생각하였다. 그는 신앙고백서와 교리문답의 구조는 단순한 배열이 아니라 신학적 깊이의 이해에 따라서 계속해서 발전할 가능성을 열어 주었다.[6]

이 외에도 어린이들이 이해하기에는 어렵다고 생각해 선택과 예정에 관한 세밀한 내용과 교회와 국가의 질서, 위정자에 관한 내용은 학생들을 위한 교리문답서란 특징 때문에 제외했다.

이 요리문답서는 가장 위대한 개혁주의 신조라 일컬어지는 우르시누스(Ursinus)와 올레비아누스(Olevianus)의 하이델베르크 요리문답서(1563)에 지대한 영향을 끼쳤고, 또한 이것이 나오기 전까지는 거의 모든 개혁주의 신조의 모범이 되었다.

프랑스의 신앙고백서는 칼빈이 보내준 초안을 약간의 수정을 거쳐 수용하였으며 스코틀랜드의 개혁자 존 낙스도 칼빈의 제자로서 스코틀랜드는 존 낙스의 지도하에 제네바의 모델을 따라 개혁이 이루어졌다. 칼빈의 영향은 네덜란드와 독일의 라인 하류 지역에까지 미쳤다. 동쪽으로는 폴란드와 헝가리에, 남쪽으로는 이탈리아와 스페인까지 유럽 전체에 걸쳐 서신과 작품들을 통하여 영향을 미쳤고 그것들은 언제나 칼빈이 강력히 옹호했던 종교개혁과 교회의 일치에 대한 것들이었다.[7]

신조 역시 수많은 영향을 미치게 되었는데 벨직 신조는 칼빈 신조의 복사판과 같았다. 이후 스위스 신앙고백, 네티앙 신앙고백, 벨직 신앙고백, 하이델베르크 신앙고백, 영국개혁주의 36개조 신조, 스코틀랜드 신조, 아

---

[6] 신원균, "스코틀랜드 신앙고백서와 웨스트민스터 신앙고백서의 교회론적 구조와 언약 신학적 특징에 관한 연구", 61.
[7] 빌렘 판엇 스페이커르, 『칼빈의 생애와 신학』, 254-270.

일랜드 신조 등에 영향을 미치며 제네바 교회의 고백과 구조는 유럽의 많은 교회의 모델이 되었다.

2. 하이델베르크 신앙 교육서의 구조와 영향

하이델베르크 요리문답서는 네덜란드 신앙고백서(1561), 도르트 신조와 더불어 '하나 되는 세 고백서'(Three Forms of Unity)라 불린다. 종교개혁 당시에 작성된 요리문답들이 많이 있지만, 하이델베르크 요리문답은 17세기에 작성된 웨스트민스터 요리문답과 더불어 가장 뛰어난 요리문답으로 인정되고 있다.[8] 하이델베르크 요리문답이 종교개혁 신학을 종합하고 있다는 점은 칼빈이나 멜란히톤의 가르침을 받은 종교개혁운동의 2세대 인물인 우르시누스와 올리비아누스에 의해 작성되었다는 사실에서 드러나지만, 저자들의 학문적 성향이나 하이델베르크에서 활동으로 볼 때 확연히 드러난다.

특별히 우르시누스가 멜란히톤의 수제자로서 멜란히톤이 죽을 때까지 친밀한 교제를 나누었다는 점에서 하이델베르크 요리문답은 멜란히톤의 영향을 충분히 받았다는 것을 가정할 수 있다. 실제로 헤페(Heppe) 같은 사람은 하이델베르크 요리문답은 철저하게 멜란히톤적인 신앙 교육서라고 지적하기도 했다.[9]

『신학 개요』 또는 『요리문답 주제』라는 책자를 이미 간략하게 지어낸 바 있었던 우르시누스는 신앙 교육용 문서 작성에 남다른 열정을 가지고

---

[8] 『하이델베르크 요리문답』, 독립개신교회 교육위원회 옮김(서울: 성약출판사, 2004), 서문.
[9] 권호덕, "하이델베르크 요리문답의 신학적 특징에 대한 연구", 「장로교회와 신학 4」 (2007), 184.

있었다. 이 소책자에는 칼빈 신학의 가장 핵심적인 내용이 반영되어 있으며 우르시누스의 스승이던 불링거의 언약 신학이 특징적으로 들어있다. 이 문서는 율법과 복음에 대해서 두 개의 장으로 나누어서 설명하였다. 이 첫 번째 요리문답은 323개의 질문으로 되어있어서 일반 시민들에게는 매우 복잡하게 생각되었다.

더구나 신학적인 내용이 중점적이어서 어렵게 느껴졌다. 그래서 108개 항목으로 축소한 요리문답이 나오게 된 것이다. 그리고 핵심 내용도 언약에서 위로로 대치되었다.[10] 문답식의 명확성과 간결성이 있는 우르시누스의 라틴어 초안과 감정적인 따스함과 유연성이 있는 올리비아누스의 독일어 초안을 기초로 작성 된[11] 하이델베르크 요리문답은 웨스트민스터 요리문답의 중간 역할을 한다고 말하듯 제네바 요리문답과 웨스트민스터 요리문답을 연결하는 고리와 같은 역할을 한다.[12]

하이델베르크 요리문답은 신학의 접근 방식에서 몇 가지 특이한 발전을 이루었다.

첫째, 실생활 중심의 실천적인 요리문답이라는 것이다. 이는 하나님을 향해 그리스도인들이 가져야 할 매우 경건하고 헌신적인 측면을 강조하고 있다. 인간의 욕구와 인간적인 관심사를 가장 핵심적인 주제로 선택하여 다루고 있고 그리스도의 사역이 핵심이면서도, 복음이 인간의 필요를 어떻게 채워주는가, 은혜로운 축복으로 인해서 사람이 받는 유익과 위로와 혜택이 무엇인가를 다룬다.

---

10   김재성, 『개혁 신학의 전통과 유산-개혁 신학 광맥』, 221.
11   이경화, "학생 요리문답의 신학적 분석 및 한국에서의 적용 가능성 연구", 24.
12   신원균, "스코틀랜드 신앙고백서와 웨스트민스터 신앙고백서의 교회론적 구조와 언약 신학적 특징에 관한 연구", 91.

둘째, 이 신앙고백은 고난과 박해를 받던 당시 성도들에게 주는 최고의 위로가 되었다. 하나님의 전능하심과 초월적인 선하심이 항상 지배하시고 통치하심을 강조하는 동시에 세상에서는 버림을 받을지라도 하나님의 섭리 가운데 구원을 얻게 된다고 확신을 심어주었다.

셋째, 복음적이요 보편적인 기독교 신앙을 압축한 점이다. 신학적인 설명을 매우 평이하게 도입하여 단순하게 이해를 도모하고 있다. 그러나 로마 가톨릭의 오류를 밝히는데 주력하던 1536년의 시대 상황에 비춰보면, 개혁 신학의 자료가 부족하던 시대에 엄청난 노력을 기울인 문서임이 틀림없다.

넷째, 삼위일체 되신 하나님의 사역이다. 그리스도 예수가 나를 구원하신다는 것으로 시작해서, 하나님 아버지께서 나를 보호하심으로 지켜주시고 성령께서 나에게 영생을 알려주시고 나의 의지를 조성하신다는 것으로 마친다.[13]

하이델베르크 요리문답은 칼빈이 제시한 사도신경, 십계명, 주기도문, 성례의 4개 구조를 좀 더 논리적으로 체계화하기 위해서 '비참', '구원', '감사'라는 3개 구조로 압축시켰으며 그리스도인이 어떻게 생활해야 할 것인가를 가르친다. 3 구조는 요리문답의 제2문에서 주어지고 있다.[14]

> 제2문 : 이러한 위로 가운데 복되게 살고 죽기 위해서는 어떤 것들을 알아야 합니까?
> 답 : 세 가지를 알아야 합니다.

---

13 김재성, 『개혁 신학의 전통과 유산-개혁 신학 광맥』, 224-226.
14 신원균, "스코틀랜드 신앙고백서와 웨스트민스터 신앙고백서의 교회론적 구조와 언약 신학적 특징에 관한 연구", 90-93.

> **첫째**, 나의 죄와 비참함이 얼마나 큰가 하는 것이요,
> **둘째**, 나의 모든 죄와 비참함에서 어떻게 구원을 받는가 하는 것이요,
> **셋째**, 그 구원에 대해서 내가 얼마나 하나님께 감사해야 하는가 하는 것입니다.[15]

이처럼 로마서의 순서를 따라 세 부분으로 구성된[16] 하이델베르크 요리문답은 단지 교리의 체계가 아니다. 교리가 삶의 형태 안에서 설명되고 있다. 이것에 대해 글루스터 교수는 이렇게 말하고 있다.

> 기독교적 감사의 삶의 규범과 규칙으로써의 율법의 제3 기능은 대부분의 개혁주의 요리문답과 신앙고백서들에서 인정되고 있으나 하이델베르크 요리문답의 저자들처럼 창조적인 방식으로 이 중요한 관점을 사용한 적은 없다. 또한, 제92-115 문답에 있는 율법의 제3 용법에 따른 십계명 설명은 현대 삶의 많은 측면을 다루고 있는 목사들이 하나님께 감사함으로 사는 삶의 모든 영역에 대한 하나님 나라의 이상을 증진하는 귀중한 기회를 얻도록 한다.[17]

하이델베르크 요리문답은 구원의 시작과 성장, 열매라는 논리적 형식의 로마서의 순서를 따라서 인간의 자연적인 상태가 비참하다는 것으로부터 시작해서 영광스러운 구속의 계획을 설명하고 마지막으로 큰 구원의 실제적 열매에 관해서 서술하고 있다. 질문 1, 2는 믿음과 구원의 중요성을 말하는 서론에 해당하며 전체의 3부분에서 질문 3-11까지 첫 번째는 죄로 인한 인간의 비참함을 설명하고 있다. 질문 12-85까지는 두 번째로 은혜

---

15 Zacharias Ursinus, 『하이델베르크 요리문답 해설』, 66.
16 박일민, 『개혁교회의 신조』, 364.
17 Gruster, F.A. 『하이델베르크 요리문답에 나타난 기독교 신앙』, 이승구 옮김 (서울: 여수룬, 1993), 147.

에 관해 설명하며, 질문 86-129까지는 세 번째로 중생한 자에게서 나오는 열매들에 관해서 설명하고 있다.

한편 성만찬에 대한 문답은 루터적인 것과 거리가 먼 개혁주의적인 것(칼빈의 영적 임재설)을 택하고 있다. 특히, 교회론은 비참, 구원, 감사의 3구조 중 감사 부분에 자리를 잡으면서 교회의 정체성을 더욱더 실천적이며 체계적인 형식으로 발전시켰으며 신앙 교육의 실천성과 효과성을 높이는 데 영향을 주었다.[18]

하이델베르크 요리문답은 독일 및 네덜란드 개혁주의 신앙고백들 가운데 도르트 총회(1618-1619)의 공적 인준을 받을 정도로 전체 개혁교회 가운데서 많이 사용되었던[19] 권위 있는 요리문답이다. 신앙고백적 칼빈주의는 특히 독일 남부 지방 여러 도시에서 소중한 신학적 열매를 맺었고 1560년대부터 1620년대까지 성도들과 지도자들에게 신앙의 지침을 제공하고 많은 감동을 주었다.

그 중에서도 1563년에 나온 하이델베르크 요리문답은 가장 훌륭한 초기 개혁 신학의 집대성으로서 칼빈이 극찬하였을 뿐만 아니라 이를 작성한 학자들과 채택한 교회들을 통해서 후대의 교회와 학자들에게 지대한 영향을 끼쳤다.[20]

네덜란드에서는 이 요리문답이 출간되자마자 네덜란드어로 번역되었다. 그 해에 가브리엘은 암스테르담에 있는 그의 교회에서 주일 오후 설교에 요리문답 설명을 시도해 보았다. 1600년에 있었던 국가 종교회의에서는 하이델베르크 요리문답을 교회의 통일된 교리 규범의 하나로서 채택하였고 모든 목사는 교회에서 이 요리문답을 설명해 주는 것을 의무화하도록

---

18   신원균, "스코틀랜드 신앙고백서와 웨스트민스터 신앙고백서의 교회론적 구조와 언약 신학적 특징에 관한 연구", 98.
19   유해무 김헌수, 『하이델베르크 요리문답의 역사와 신학』 (서울: 성약, 2006), 20-21.
20   김재성, 『개혁 신학의 전통과 유산-개혁 신학 광맥』, 219.

규정하였다.

하이델베르크 요리문답은 이후 미국에서도 권위를 인정받게 되는데 미국 장로교회에 의해서 1870년에 채택되었다.[21] 하이델베르크 요리문답은 웨스트민스터 소요리문답이 나올 수 있도록 신학적 밑거름의 역할을 했다. 웨스트민스터 소요리문답은 하이델베르크 요리문답 구조의 발전에 영향을 받아 4개의 구조를 토대로 하면서도 논리적 형식은 신론과 교회론을 강조하는 에베소서의 방식으로 체계화하는 발전을 보였다.[22]

---

21 이경화, "학생 요리문답의 신학적 분석 및 한국에서의 적용 가능성 연구", 33.
22 신원균, "스코틀랜드 신앙고백서와 웨스트민스터 신앙고백서의 교회론적 구조와 언약 신학적 특징에 관한 연구", 94.

제5장

제네바(1542)와 하이델베르크(1563) 신앙 교육서의 비교

교회는 교육을 통해 하나님의 택함 받은 자녀들을 성장시킬 책임과 의무가 있으며 교회는 하나님의 자녀들을 그리스도의 장성한 분량에 이르기까지 양육하기 위하여 하나님이 세우신 기관이라 정의할 수도 있다.[1]

칼빈은 이러한 그의 사상을 실천하기 위해 실제로 다양한 교육 과정을 만들었고 이를 제네바 교회에 구체적으로 적용하였다. 칼빈의 성인 교육 과정은 설교였다. 칼빈의 설교의 궁극적인 목적은 교회를 바로 세우고 신자들의 신앙을 장성한 분량에 이르도록 이끄는 데 이바지하는 것이었고 신앙 교육서는 그러한 교회의 장년 신자들에게 설교의 기초적인 참고도서의 임무를 수행하였다.[2]

> 왜 그리스도만이 구원인가?
> 다른 종교에도 구원이 있지 않겠는가?
> 진리는 무엇인가?

---

1 김은아, "존 칼빈의 신앙 교육서를 중심으로 한 현대 개혁주의 기독교 교육 모델 연구", 28.
2 김은아, "존 칼빈의 신앙 교육서를 중심으로 한 현대 개혁주의 기독교 교육 모델 연구", 31-32.

이렇게 생각할 모든 이들에게 신앙 교육서는 철저한 하나님에 관한 교육이요 구원에 관한 교육의 답이 됐으며 신자들을 하나님의 영광을 위하여 사는 자로 만들어 주려 하였다.

전체 구조에 있어서 칼빈의 제네바 교리문답은 사도신경, 십계명, 주기도문, 성례의 4개 주제를 배열했지만 하이델베르크 요리문답은 한 걸음 더 발전하여 4개의 주제를 조직적 체계성을 갖추어 비참, 구원, 감사의 3구조로 분류하였다.³

이것을 좀 더 명확하게 보기 위해 신원균의 <제네바 교리문답서와 하이델베르크 요리문답서를 비교한 도표>를 참고하기로 한다.

제네바 교리문답					하이델베르크 요리문답			
	1	서문	1-7		1	서문	1-2
	2	하나님께 관한 지식	8-16	비참	2	비참	3-5
	3	성부	17-24		3	타락	6-8
	4	전능하심	25-29		4	형벌	9-11
	5	그리스도의 3직분	30-39		5	중보자의 필요성	12-15
	6	3직	40-45		6	신성, 인성	16-19
	7	성육신	46-53		7	신앙	20-23
	8	고난	54-59		8	삼위일체	24-25
믿음	9	죽음, 장사	60-64		9	성부	26
	10	지옥강하	65-70		10	창조, 섭리	27-28
	11	부활	71-74		11	예수	29-30
	12	승천, 우편	75-82		12	그리스도	31-32
	13	심판	83-87		13	외아들	33-34
	14	성령	88-91		14	성육신	35-36
	15	교회	92-100		15	고난	37-39
	16	죄 사함	101-105		16	죽음, 장사, 음부강하	40-44
	17	부활	106-110	구원	17	부활	45-48
	18	신앙	111-115		18	승천	49-50

---

3 신원균, "스코틀랜드 신앙고백서와 웨스트민스터 신앙고백서의 교회론적 구조와 언약신학적 특징에 관한 연구", 91-92.

	19	신앙	116-120		19	재림	51-52
	20	선행	121-127		20	성령	53
율법	21	회개, 율법	128-135		21	교회	54-56
	22	1계명	136-142		22	육체 부활	57-58
	23	2계명	143-149		23	칭의	59-61
	24	2계명	150-158		24	선행	62-64
	25	3계명	159-165		25	성례	65-68
	26	4계명	166-176		26	세례	69-71
	27	4계명	177-184		27	유아	72-74
	28	5계명	185-195		28	성찬	75-77
	29	6,7계명	196-203		29	성찬	78-79
	30	8,9계명	204-212		30	성찬	80-82
	31	10계명	213-219		31	천국열쇠	83-85
	32	율법-이행	220-226		32	감사	86-87
	33	율법-직무	227-232		33	회개	88-91
기도	34	기도-서론	233-239		34	1계명	92-95
	35	기도 자세	240-247		35	2계명	96-98
	36	기도 자세	248-252		36	3계명	99-100
	37	주기도문	253-259		37	3계명	101-102
	38	첫째 간구	260-265		38	4계명	103
	39	둘째 간구	266-270		39	5계명	104
	40	셋째 간구	271-274		40	6계명	105-107
	41	넷째 간구	275-279	감사	41	7계명	108-109
	42	다섯째 간구	280-286		42	8계명	110-111
	43	여섯째 간구	287-295		43	9계명	112
	44	성례-서론	296-299		44	10계명	113-115
	45	말씀	300-308		45	주기도문	116-119

〈도표〉[4]

---

[4] 신원균, "스코틀랜드 신앙고백서와 웨스트민스터 신앙고백서의 교회론적 구조와 언약 신학적 특징에 관한 연구", 94-97.

	46	성례	309-314
성례	47	성례	315-320
	48	세례	321-324
	49	세례	325-332
	50	유아세례	333-339
	51	성찬	340-344
	52	성찬	345-350
	53	성찬	351-356
	54	성찬 방법	357-365
	55	성찬 방법	366-373

46	서문	120-121
47	첫째 간구	122
48	둘째 간구	123
49	셋째 간구	124
50	넷째 간구	125
51	다섯째 간구	126
52	여섯째 간구	127-129

칼빈은 4개 구조의 변화를 시도하기도 했지만, 더욱 중요한 변화는 문답 방식을 통한 교리 교육의 실천성 강조 형태이다.

> 1문: 중요한 인간의 삶의 목적은 무엇입니까?
> 2문: 무슨 이유로 당신은 이처럼 언급합니까?
> 3문: 인간의 최고의 선은 무엇입니까?
> 4문: 왜 당신에게는 하나님 인식이 인간의 최고의 선입니까?
> 5문: 따라서 우리는 하나님과 더불어 사는 삶이 불행하지(infoelicus) 않은 삶이라는 사실을 알게 됩니다.[5]

이 질문들은 가장 먼저 중요한 "정의"를 질문함으로써 상대방이 스스로 생각할 수 있도록 한다. 그리고 2-3문으로 이어지면서 1문의 질문을 추가하여 연속적 질문을 던진다. 이것은 앞서 내린 정의에 대해서 상대방이 한

---

[5] John Calvin, 『요한네스 칼빈의 제네바 교회의 교리문답』, 45.

번 더 사고의 폭을 확장하도록 질문하는 것이며 6-7문에 이르러 결론적 정의를 내린다.

이런 형식에 대해서 정일웅 교수는 프라스(H.J. Frass)의 논문을 인용하여 말하기를 "카테키스무스에 이용된 질문과 대답의 도식은 낡은 교수법의 하나가 아니라 본질에서 하나님의 말씀과 대화하게 하는 다이아로그의 특성에 상응하는 것이라고 밝히고 있다"라고 한다.[6] 그러므로 이 형식은 사변적 교육이나 단순한 전달에 머무르지 않고 질문의 형식과 체계적인 논리 구조를 결합하여 신앙 교육의 효과적 실천성을 강화하는 방식임을 알 수 있다. 칼빈은 이처럼 전통적인 교리문답의 방식에다 논리성을 추가하였다.[7]

제네바 신앙고백서는 기독교의 근본 교리를 조직화 및 체계화하기 위하여 십계명, 사도신경, 주기도문, 성례의 4개 구조를 제시한다. 각각의 주제는 사도신경을 중심으로 교리의 핵심적 의미를 조직적으로 정의하고 잘못된 교리를 비판하며 변증하는 형식으로 만들어졌다.[8]

칼빈은 제네바 교리문답서에서 우선 믿음, 율법, 기도, 성례 4개의 주제를 기독교 신앙의 핵심적인 요소로 정립했으며 하이델베르크 요리문답에서는 비참, 구원, 감사라는 소제목으로 이 4개의 주제를 구원 과정의 논리적 형태로 발전시킨 것이 큰 특징이다. 우르시누스의 하이델베르크 요리문답서의 비참, 구원, 감사 이 3구조는 칼빈의 제네바 교리문답과 같이 십계명을 사도신경의 뒤에 배치함으로써 구조의 논리적 체계성을 강화한다.

---

6   정일웅, 『종교개혁 시대의 기독교 신앙의 가르침』, 210.
7   신원균, "스코틀랜드 신앙고백서와 웨스트민스터 신앙고백서의 교회론적 구조와 언약신학적 특징에 관한 연구", 62-63.
8   신원균, "스코틀랜드 신앙고백서와 웨스트민스터 신앙고백서의 교회론적 구조와 언약신학적 특징에 관한 연구", 67.

삶의 규범으로서 율법의 토대인 십계명이 마지막 "감사" 부분에 자리 잡았으며 이것은 율법을 법적인 제재로 이해하지 않고 성도의 생활 속에서 하나님의 뜻을 감사로 순종하는 선물의 의미를 구조에 담아낸 것이다.[9]

1. 인생의 목적

루터 당시에는 구원의 질문이 중심 주제였던 것을 칼빈은 구원받은 인간이 어떻게 신앙적 삶을 계속해야 할 것인지에 대하여 삶의 목적과 존재 의미와 관련지어 그리스도인의 삶의 방법을 구체적으로 제시하였다. 칼빈은 이를 위하여 제네바 교리문답서의 1문에서 인간의 삶의 주된 목적이 무엇인지를 묻고 동시에 계속되는 372개의 문답을 통하여 인생의 목적을 알게 된 자가 어떻게 살아야 할 것인가에 대한 삶의 원칙을 가르치고 있다.[10]

칼빈은 하나님을 중심으로 인간을 하나님께로 이끌어가며 구원받은 자녀의 삶의 방법을 제시한 것이다.

1문을 비교해 보면 제네바 교리문답서는 인간의 삶의 목적이 하나님을 아는 것으로 하나님으로 시작한다. 그러나 하이델베르크 요리문답서는 인간의 위로가 무엇인가로 인간으로 시작한다.

칼빈의 제네바 교리문답서는 창조주 하나님에 초점을 맞추었고 하이델베르크 요리문답서는 고달프고 고단하고 노심초사할 수밖에 없는 인간의 위로에 초점을 맞추었다. 제네바 교리문답서는 인간의 창조 목적에 초점

---

[9] 신원균, "스코틀랜드 신앙고백서와 웨스트민스터 신앙고백서의 교회론적 구조와 언약 신학적 특징에 관한 연구", 93.
[10] 김은아, "존 칼빈의 신앙 교육서를 중심으로 한 현대 개혁주의 기독교 교육 모델 연구", 40.

을 맞추고 있고 하이델베르크 요리문답서는 인생에 초점을 맞추고 있다.

그러나 이것은 신본주의냐 인본주의냐의 문제가 아니다. 두 교리문답은 근원적 차이가 아니라 단지 강조점의 차이를 나타낼 뿐이다.

두드러지는 차이점은 하이델베르크 요리문답 1문에서 "사나 죽으나 그대의 유일한 위로는 무엇입니까?"

이 고백 속에 나타난다. 이 고백은 하나님이 베푸신 구원의 은혜를 강조하고 있다.

반면에 칼빈의 제네바 교리문답 1문은 "중요한 인간의 삶의 목적(*finis*)은 무엇입니까?"라고 질문하고 "인간을 창조하신 하나님을 아는 것이다"라는 하나님 중심을 강조하고 있다.

제네바 교리문답서를 보면 1장에서 29장까지 하나님에 관한 지식으로 시작해서 인간이 어떻게 살아가야 하는가의 과정을 통해 하나님께로 이끌어 가고 있는 반면에 하이델베르크 요리문답서는 1장에서 11장까지 인간에 관한 지식으로 시작해서 중보자의 필요성을 역설하고, 인간이 어떻게 살아가야 하는가의 과정을 통해 하나님께로 이끌어 가고 있다.

결국, 다른 듯 보이는 두 교리문답서는 인간을 하나님께로 이끌어가며 인간의 최종 목적인 하나님의 영광을 위한 삶에 공통으로 초점을 맞추고 있다.

2. 인식과 위로

다음으로 제네바 교리문답서 1문의 하나님 인식과 하이델베르크 요리문답서 1문의 우리의 유일한 위로에 관해 비교해 보기로 하자.

제네바 교리문답서 3문에서 6문을 보자.

> 3문: 인간의 최고의 선은 무엇입니까?
>
> 답: 하나님을 인식하는 것입니다.
>
> 4문: 왜 당신에게는 하나님 인식이 인간의 최고의 선입니까?
>
> 답: 만일 하나님의 인식이 없다면 우리의 운명은 짐승보다 더 비참하기 때문입니다.
>
> 6문: 그렇다면 하나님에 대해 참되며 올바른 인식은 무엇입니까?
>
> 답: 하나님께 합당한 영광을 돌리겠다고 인식하는 것입니다.[11]

이렇게 제네바 교리문답서의 신학적 특징 가운데 하나는 첫 번째 조항이 모든 인간은 하나님을 인식하기 위해 태어났다는 것이다.

칼빈 신학에 있어서 하나님에 대한 인식의 강조는 매우 중요하고 다른 개혁자들과 비교할 때 매우 독특한 것이었다. 이 주제는 칼빈의 『기독교 강요』에도 지속적으로 다루어지고 있다.

칼빈은 모든 인간은 하나님을 알기 위하여 이 세상에 태어난다고 하였다. 아무리 미개하고 야만적인 인간이라도 종교에 대한 어떤 생각을 타고 나지 않은 사람은 하나도 없다. 그래서 우리 모두는 우리의 창조자의 위엄을 인식하기 위하여 창조되었고 이 사실을 아는 우리는 무엇보다도 이 창조자를 온갖 경외와 사랑과 존경으로 높이 숭배하기 위하여 창조되었음이 분명하다는 것이다.[12]

또한, 하이델베르크 요리문답서에서의 하나님의 인식은 "내가 나만의 것이 아니다"라고 고백하는 데서 시작하고 있다.

> 1문: 사나 죽으나 그대의 유일한 위로는 무엇입니까?

---

[11] John Calvin, 『요한네스 칼빈의 제네바 교회의 교리문답』, 45-47.
[12] 존 칼빈, 『기독교 강요 상』, 원광연 옮김, (고양: 크리스챤다이제스트, 2003), 49-51.

답: 사나 죽으나 나의 몸도 영혼도 나의 것이 아니요 나의 신실하신 구주 예수 그리스도의 것입니다.[13]

내가 나만의 것이 아니라 구주 예수 그리스도의 것이라는 말은 하나님을 인식하는 것과 어떤 관련이 있는가?
제네바 교리문답서 4항은 하나님을 인식하지 않는다면 우리의 운명은 짐승보다 비참하다고 말한다.

4문: 왜 당신에게는 하나님 인식이 인간의 최고의 선입니까?

만일 하나님의 인식이 결여된다면 우리의 운명은 짐승보다 더 비참하기 때문입니다.[14]
하이델베르크 요리문답서는 바로 이러한 인간의 비참함을 알아야 한다고 2문에서 말하고 있다.

2문: 이러한 위로 가운데 복되게 살고 죽기위해서는 어떤 것들을 알아야 합니까?
답: 세 가지를 알아야 합니다. 첫째로 나의 죄와 비참함이 얼마나 큰가 하는 것이요.[15]

하이델베르크 요리문답에서 인간의 비참함에 대한 항목(3문-11문)은 전체에서 차지하는 분량 면에서는 비중이 그리 크지 않다. 전체 129문 중에서 아홉 개의 문답이 이를 다루고 있다. 그러나 죄의 비참함을 분명하게

13　Zacharias Ursinus,『하이델베르크 요리문답 해설』, 61.
14　John Calvin,『요한네스 칼빈의 제네바 교회의 교리문답』, 45.
15　Zacharias Ursinus,『하이델베르크 요리문답 해설』, 66.

다룬 것은 종교개혁 신학의 특징을 더욱 잘 드러내려는 의도였다고 볼 수 있다. 죄책과 저주에 대하여 깊이 다루는 것은 결코 비관주의적인 접근이 아니다. 우리가 하나님의 은총의 높이를 알기 위해서는 먼저 우리 죄의 깊이를 알아야만 하는 것이다.[16]

인간이 인간으로서 삶을 영위하고자 한다면 자신을 창조하신 하나님을 인식하는 것이 가장 중요한 것이며 이는 최종적으로 창조자 하나님께 영광을 돌리겠다고 다짐하는 것을 의미한다.[17]

> 6문: 그렇다면 하나님에 대해 참되며 올바른 인식은 무엇입니까?
> 답: 하나님께 합당한 영광을 돌리겠다고 인식하는 것입니다.[18]

또한, 이는 구원자 하나님을 인식하는 것으로 귀결된다.

> 12문: 이를 위하여 무엇이 요구됩니까?
> 답: 우리는 우리를 사랑하시는 하나님께서 우리의 아버지이시며, 우리의 구원을 가능케 하시는 장본인이라는 사실을 굳게 믿어야 합니다.[19]

그리고 이와 같은 확신은 오직 그리스도 안에서만 가능한 것이다.

> 13문: 이와 같은 우리의 확신의 근원은 무엇입니까?

---

[16] 김재성, 『개혁 신학의 전통과 유산-개혁 신학 광맥』, 226-227.
[17] John Calvin, 『요한네스 칼빈의 제네바 교회의 교리문답』, 16.
[18] John Calvin, 『요한네스 칼빈의 제네바 교회의 교리문답』, 45.
[19] John Calvin, 『요한네스 칼빈의 제네바 교회의 교리문답』, 47.

> 하나님께서는 말씀을 통하여 그리스도 안에서 자비를 보여 주시고 사랑을 증거 하십니다.[20]

즉, 그리스도 안에서 하나님을 인식하는 것이라고 제네바 교리문답서 14항에서 부연 설명하고 있다.

> 14항: 그리스도 안에서 하나님을 인식하는 것이 하나님께 대한 신뢰의 근거이며 시작입니다.
> 그렇습니다.[21]

이것에 대해 하이델베르크 요리문답서 2문에서는 나의 모든 죄와 비참함에서 어떻게 구원을 받는가를 알아야 한다고 말하고 있다. 하나님을 인식하지 않아 생기는 인간의 비참은 우리가 구주 예수 그리스도의 것이 되었을 때 그리스도 안에서 하나님을 인식하게 되고 해결되는 것이다. 이것이 하이델베르크 요리문답서 1문에서 우리의 위로가 되는 것이다.

그러면 제네바 교리문답서 1문의 하나님 인식과 비교되는 하이델베르크 요리문답서 1문의 위로란 무엇인가?

위로란 선한 것과 악한 것을 대비시키는 것으로 선은 그것과 대비되는 악의 비중보다 훨씬 더 크고 확실해야만 한다. 즉, 가장 큰 악인 죄와 영원한 죽음을 무릅쓰고 위로가 얻어져야 한다. 이것을 최고선(最高善)이라고 한다. 이러한 최고선이 아니고서는 그 어떠한 선으로도 악을 치료할 수가 없다.

---

20 John Calvin, 『요한네스 칼빈의 제네바 교회의 교리문답』, 49.
21 John Calvin, 『요한네스 칼빈의 제네바 교회의 교리문답』, 49.

에피쿠로스 학파는 감각적 쾌락을 최고선으로 보며 그것에서 위로를 얻으려 했고, 스토아 학파는 인간 정서의 적절한 통제와 중용에서나 덕의 습관에서 최고선을 찾았으며, 플라톤학파에서는 관념에서 찾았고, 아리스토텔레스 학파에서는 덕의 실천에서 최고선, 위로를 찾았다. 그런가 하면 보통 사람들은 명예나 부귀나 쾌락에서 최고선을 찾는다. 그러나 이 모든 것들은 일시적인 것들로 다 사라지고 마는 것들이다. 그러나 우리가 구하는 최고선은 절대로 죽은 후에도 사라지지 않는 것이다.[22]

그리스도인의 위로는 살아있을 때나 죽은 후에나 영원히 있는 유일한 견고한 위로이며 바로 그리스도로 말미암아 값없이 죄를 씻음과 하나님과 회복됨에 대한 확신과 또한 영생에 대한 확실한 기대이고 우리가 그리스도의 소유이며 또한 그리스도로 말미암아 하나님의 사랑을 받는 자들이요 영원토록 구원받은 자들임을 믿어 의심치 않는 것이다.[23]

그 위로에는 여섯 가지 부분들이 있다.

첫째, 그리스도로 말미암아 우리가 하나님과 회복되었으므로 우리가 더 이상 하나님의 원수가 아니요. 그의 자녀들이며 우리가 우리 자신의 것이 아니라 그리스도께 속한 것이 위로다.

둘째, 우리가 하나님과 화목된 방식이 그리스도의 피를 통한 것, 즉 예수 그리스도가 고난을 겪으시고 죽으심으로써 우리 죄를 보상하신 것이 위로다.

셋째, 죄와 사망의 비참한 처지에서 구원받았다는 것이다.

넷째, 우리의 화목과 구원 그리고 그리스도께서 우리를 위해 값 주고 사신 다른 모든 은택(恩澤)을 끊임없이 보존하신다는 것이다.

22　Zacharias Ursinus, 『하이델베르크 요리문답 해설』, 62.
23　Zacharias Ursinus, 『하이델베르크 요리문답 해설』, 63.

다섯째, 우리의 모든 악을 선으로 바꾸신다는 것이다.

여섯째, 이 모든 큰 은택들과 영생에 대하여 충만한 깨달음과 확신이 있다는 것이 우리에게 참 위로다.[24]

즉, 하이델베르크 요리문답 전체를 아우르는 1문의 위로의 골자는, 곧 우리가 그리스도의 것이요 또한 그로 말미암아 아버지께 화목 되었으므로 아버지께 사랑을 받고 구원받으며 성령과 영생이 우리에게 베풀어진다는 것이다.[25]

그러면 그리스도께 속한 것이 우리에게 왜 위로가 되는가?

우리가 그리스도의 것이니 우리의 존재와 그 모든 것에 대해서 소유주가 되시는 그리스도께서 책임져 주신다는 점에 있다. 만일 우리가 우리의 것이고 우리가 우리 자신에게만 속한다면 우리들에게 있는 모든 문제에 대해서 자기가 책임을 져야만 할 것이다.

이러한 삶이 얼마나 힘겹고 어려운 삶이겠는가?

이런 삶의 결국은 절망일 수밖에 없을 것이다.[26]

사나 죽으나 내가 나의 것이 아니라 신실하신 구주 예수 그리스도의 것이 되는 것, 즉 그리스도 안에서 하나님을 인식하는 이것이 우리의 유일한 위로가 되는 것이다.

그러면 제네바 교리문답서에서의 하나님을 인식한다는 것은 무엇인가?

하나님을 인식한다는 것은 결론적으로 하나님에 관한 지식을 의미한다.

하나님을 인식하는 것에 대한 신(神)지식은 이중적으로 창조주 하나님에 관한 지식과 구속주 예수 그리스도에 관한 지식이 성령으로 말미암아

---

24 Zacharias Ursinus,『하이델베르크 요리문답 해설』, 63-64.
25 Zacharias Ursinus,『하이델베르크 요리문답 해설』, 64.
26 이승구, 하이델베르크 요리문답 강해 시리즈Ⅰ,『진정한 기독교적 위로』(서울: 나눔과 섬김, 2011), 23.

가능케 되는 것으로 칼빈은 하나님을 인식하기 위하여 신앙을 가져야 한다고 하였다. 그런데 칼빈은 하나님에 대한 인식에서 신앙과 더불어 하나님에 대한 사랑과 경외를 지녀야만 우리가 참 하나님 지식에 도달한다고 주장한다.[27]

여기서 사랑과 경외는 곧 경건으로 이어지는데 칼빈은 경건을 다음과 같이 정의한다.

> 나는 경외와 사랑이 하나로 결합한 상태를 경건이라 부르는데 이 경외와 사랑은 하나님께서 우리에게 베푸시는 은혜를 생각할 때 일어나는 것이다.[28]

경건이 결여 된 하나님 지식은 전혀 적합하지 않다는 칼빈의 하나님 지식은 단순히 주지적이고 이론적이고 추상적인 것이 아니라 양심과 의지 그리고 감정 등 전인적인 신뢰와 경외, 그리고 전인적인 사랑을 경험하는 신앙의 하나님 지식이다.

또한, 하나님 지식의 목적이다.

첫째, 하나님을 두려워하고 경외하도록 하는 목적을 지니며,
둘째, 이와 같은 하나님 지식이 우리의 길잡이가 되어 우리는 모든 좋은 것을 하나님에게서 찾을 것을 배워야하고 이 모든 좋은 것을 받은 후 모든 은혜로 그에게 돌려야 할 것을 배워야 한다는 것이다.[29]

그런데 이러한 하나님에 관한 지식은 본래부터 인간들의 마음속에 뿌리박혀 있었다. 칼빈은 인간의 마음속에는 하나님에 대한 지각이 존재한

---

27 존 칼빈, 『기독교 강요 상』, 45.
28 존 칼빈, 『기독교 강요 상』, 46.
29 존 칼빈, 『기독교 강요 상』, 47.

다고 말하는데 여기서 하나님에 대한 지각이란 "종교의 씨앗이다."[30] 이는 모든 인간이 지닌 종교성으로서 양심의 빛과 긴밀한 관계를 갖는다. 즉, 하나님의 존재를 의식하고 하나님을 두려워하면서 양심의 자세를 가다듬는 태도를 의미한다. 칼빈은 우리의 부패한 본성 앞에 두 가지 빛이 있다고 하였다.

첫째, 종교의 씨앗이 모든 인간 안에 뿌려져 있으며
둘째, 이들의 양심은 선과 악을 구별할 수 있다고 말한다.

아무리 미개하고 야만적인 나라나 백성이라도 한 하나님이 존재한다는 사실을 확신하고 있다고 한 키케로의 말처럼 아무리 미개한 삶을 사는 사람도 어떤 종교의 씨앗을 지니고 있다는 것이다.[31]

아무도 무지를 구실로 삼아 핑계하지 못하게 하려고, 하나님께서는 자신의 신적 위엄을 어느 정도나마 깨달아 알 수 있는 이해력을 각자에게 심어주셨다. 인간 속에 있는 종교의 씨앗은 뿌리 뽑힐 수 없다. 인간 안에 어떤 신적인 존재가 있다는 신념은 계속해서 남아있다. 그러나 이 씨앗과 신성은 아주 부패했기 때문에 자기 스스로는 최악의 열매만을 맺을 뿐이다.[32]

인간은 예수 그리스도와 신구약 성경을 떠나서는 참 하나님을 찾을 수 없다고 칼빈이 말할 정도로 인간은 타락하였다. 그런데 이러한 인간에 관한 지식은 하나님에 관한 지식과 서로 연결되어 있다. 『기독교 강요』 1장에서 칼빈은 "우리가 소유하고 있는 참되고 건전한 모든 지식은 거의 모두가 두 부분으로 되어있으니 하나는 하나님 지식이요 다른 하나는 우리

---

30 존 칼빈, 『기독교 강요 상』, 49.
31 존 칼빈, 『기독교 강요 상』, 49.
32 존 칼빈, 『기독교 강요 상』, 57.

자신에 관한 지식이다"³³라는 말로 시작하고 있다. 이것은 두 가지 의미를 함축하고 있는데 하나는 우리 자신을 알지 못하고는 하나님을 알지 못한다는 것이고 또 하나는 역설적으로 하나님을 알지 못하고는 우리 자신을 알지 못한다는 것이다.

  그것을 『기독교 강요』 1장 1절은 우리 자신을 아는 지식이 하나님을 아는 지식으로 향하게 한다고 말하고 있다. 하나님에 관한 지식과 우리 자신에 관한 지식. 이 두 지식은 여러 줄로 연결되어 있으므로 어느 쪽이 먼저이며, 어느 쪽의 지식이 다른 쪽의 지식을 끌어내는가를 알아내는 것은 그리 쉬운 일이 아니다. 우리 자신에 관한 지식은, 우리를 일깨워서 하나님을 찾게 한다. 그뿐만 아니라, 마치 손으로 끄는 것처럼 우리를 인도하여 하나님을 발견하게 하는 것이다.

  그리고 2절은 하나님을 바라보는 것이 우리 자신을 알게 된다고 말하고 있다. 먼저 하나님을 응시하지 않고는 아무도 자신을 살펴볼 수가 없는 것이다. 하나님의 얼굴을 바라보고 나서, 다음으로 자신을 살피지 않는 한, 결단코 자신에 대한 참된 지식에 도달하지 못한다.³⁴

  하나님에 관한 지식과 우리 자신에 관한 지식은 구속주를 아는 것과 영생을 얻는 것으로 서로 연결되어 있다. 그런 의미에서 인간의 위로는 무엇인가로 시작하고 있는 하이델베르크 요리문답서는 제네바 교리문답서와 다른 것이 아니다.

  제네바 교리문답서가 서로 연결된 하나님에 관한 지식과 우리 자신에 관한 지식으로 하나님을 발견하고 하나님과 구속주를 인식하는 것에 초점을 맞추고 있다면 하이델베르크 요리문답서는 우리 자신에 관한 지식으로 출발하여 하나님과 구속주를 인식하는 것으로 나아간다. 하이델베르크 요

---

33 존 칼빈, 『기독교 강요 상』, 41.
34 존 칼빈, 『기독교 강요 상』, 41-42.

리문답서 21문은 참된 믿음은 하나님께서 그의 말씀에서 우리에게 계시하신 모든 것이 진리라고 여기는 확실한 지식이라고 말한다.[35]

하이델베르크 요리문답서가 믿음의 지적 요소로서 계시(성경)를 제시했듯이 제네바 교리문답서 또한 창조주 하나님에 관한 지식과 구속주 예수 그리스도에 관한 지식의 두 요소로서 계시(성경)를 제시하고 있다. 『기독교 강요』 1권 제6장은 "창조주 하나님께로 나아가는 데에는 성경이라는 안내자와 교사가 필요하다"[36]로 시작하고 있다.

하나님께서 한 사람의 예외도 없이 모두에게 자신의 임재를 그의 피조물들 속에서 보여 주시는 자연 계시를 통해서는 다만 평계할 수 없을 정도로만 창조주 하나님이 계시되었으며 사람이 우주의 창조주이신 하나님께로 올바로 이끌림을 받기 위해서는 그보다 더 나은 또 다른 도움이 필요한 것이다. 그것이 바로 성경(계시)이고 성경 안에 들어와야 비로소 참된 창조주 하나님의 모습을 알게 되는 것이다.[37]

하나님은 우리에게 하나님을 아는 순전한 지식 속에 붙들어 두셨는데 그렇게 하지 않으면 다른 모든 사람 앞에서 든든히 서 있는 것 같은 사람도 곧바로 넘어지고 말 것이기 때문이다. 그래서 칼빈은 성경을 안경에 비유하였는데 눈이 흐린 사람, 혹은 시력이 좋지 못한 사람에게 아무리 훌륭한 책을 내어놓는다고 해도 그 사람들은 그것이 좋은 책이라는 것을 인정하면서도 읽지를 못할 것이다. 그러나 안경의 도움을 받으면 아주 또렷하게 그 책을 읽어 내려갈 수가 있을 것이다.[38]

---

35 『하이델베르크 요리문답』, 독립개신교회 교육위원회 옮김 (서울: 성약출판사, 2004), 38.
36 존 칼빈, 『기독교 강요 상』, 79.
37 존 칼빈, 『기독교 강요 상』, 79.
38 존 칼빈, 『기독교 강요 상』, 79.

이와 마찬가지로, 하나님에 관한 갖가지 혼란스러운 지식을 우리 마음에 제대로 모아주며, 참되신 하나님을 분명하게 보여 주는 것이 바로 성경인 것이다. 성경은 하나님의 백성들이 바라보아야 할 참 하나님이 바로 자기 자신이심을 분명히 보여 주시는 것이고 이 말씀이야말로 하나님을 깨닫는데 필요한 가장 직접적이고도 확실한 수단이 되는 것이다. 칼빈은 그 예로 아담과 노아, 아브라함을 『기독교 강요』에서 들고 있다.

그들이 불신자들과는 달리 하나님을 아는 친밀한 지식을 갖게 되었다는 것은 의심의 여지가 없는 사실이다. 칼빈은 그들이 죽음에서 벗어나 생명에 이르기 위해서는 하나님을 창조주로서만이 아니라 구속주로서 깨닫는 것이 반드시 필요했고, 그들은 분명 말씀을 통해서 그 두 가지 지식에 이르렀을 것이 분명하다고 선언한다.[39] 하나님 말씀의 도움이 있어야만 창조주 하나님과 구속주를 인식하고 하나님께 이를 수 있는 것이다.

3. 믿음(신앙)

제네바 교리문답서 2절 그리스도 신앙 안에서 하나님 인식 9항에서 하나님에 대해 참되고 올바른 인식은 하나님께 합당한 영광을 돌리겠다고(6항) 하면서 "하나님을 전능하시고 완전하게 선하신 분으로 인식할 때 가능합니다"라고 말하며 10항에서는 "이것만으로 충분합니까?"라고 묻는다. 그 답에 제네바 교리문답서 10항, 11항에서 죄인으로서 우리의 자격은 부적합하므로 하나님을 인식할 수 없으므로 "아닙니다"라고 답하고 있다.

또한, 하이델베르크 요리문답서 13문에서는 "오히려 우리는 날마다 우리의 죄책을 증가시킬 뿐입니다"라고 말한다.

---

[39] 존 칼빈, 『기독교 강요 상』, 80.

그러면 하나님을 온전히 인식하기 위하여 요구되는 것은 무엇인가? 제네바 교리문답서 12항은 그 답을 이렇게 말한다.

> 12항: 이를 위하여 무엇이 요구됩니까?
> 인간을 사랑하시는 하나님께서 우리의 아버지시며 우리의 구원을 가능케 하시는 장본인이라는 사실을 진심으로 굳게 믿어야 합니다.[40]

죄인으로서 우리의 자격은 부적합하여 하나님을 인식할 수 없으므로 하나님을 인식하기 위하여 요구되는 것이 믿음, 즉 신앙이라고 말하고 있다. 그러면 하이델베르크 요리문답서는 어떠할까?

인간의 비참 속에서 우리의 유일한 위로인 그리스도에 대해 20문은 이렇게 묻고 있다.

> 20문: 그러면 아담 안에서 모든 사람이 멸망한 것처럼 그리스도를 통하여 모든 사람이 구원을 받습니까?
> 답: 아닙니다. 참된 믿음으로 그리스도에게 연합되어 그의 모든 은덕(恩德)을 받아들이는 사람들만 구원을 받습니다.[41]

제네바 교리문답서에서 그리스도 안에서 하나님 인식이 믿음, 곧 신앙을 요구하였듯이 하이델베르크 요리문답서 또한 사나죽으나 우리의 유일한 위로인 그리스도에 이어 믿음, 곧 신앙을 요구하고 있다.

그러면 하이델베르크 요리문답서에서 가르치는 믿음, 곧 신앙은 무엇인가?

---

40 John Calvin, 『요한네스 칼빈의 제네바 교회의 교리문답』, 47.
41 『하이델베르크 요리문답』, 38.

그것에 대해 21문은 이렇게 말하고 있다.

> 21문: 참된 믿음이란 무엇입니까?
> 답: 참된 믿음은 하나님께서 그의 말씀에서 계시하신 모든 것이 진리라고 여기는 확실한 지식이며 동시에 성령께서 복음으로써 내 마음속에 일으키신 굳은 신뢰입니다.
> 곧 순전히 은혜로, 오직 그리스도의 공로 때문에 하나님께서 죄 사함과 영원한 의로움과 구원을 다른 사람뿐 아니라 나에게도 주심을 믿는 것입니다.

개혁주의 신앙고백서가 루터파 신앙고백서와 비교해 볼 때 두드러지는 것은 믿음에 대한 언급이 전체를 꿰뚫고 있다는 것이다. 성령론에 관한 조항이 없는 제2 헬베틱 고백서(The Second Helbetic Confession, 1566)나 믿음에 관한 조항이 없는 스코틀랜드 신앙고백서에서도 전체 내용을 지배하는 것은 믿음이다. 위그노 신앙고백서(Gallican Confession, 1559)는 믿음을 신뢰와 확신으로 증거하고 화란 고백서는 믿음의 의를 증거한다. 그것은 제네바 신앙 교육서도 마찬가지다.[42]

하이델베르크 요리문답서 20문에서 "그리스도를 통하여 모든 사람이 구원을 받습니까?"

이 질문에 "아닙니다"라고 답하는데 이것은 예수그리스도만이 우리의 유일한 위로요 구원자라고 하는 것을 인식하였다고 해서 모든 문제가 다 해결된 것이 아니라는 것이다. 왜냐하면, 사람의 마음이 악해서 이렇게 예수 그리스도께서 유일한 구원자이심을 인식한 뒤에라도 성경 계시를 부정하려고 하기 쉽기 때문이다.[43] 그것은 제네바 교리문답서에서도 마찬가

---

[42] 권호덕, "하이델베르크 요리문답의 신학적 특징에 대한 연구", 196.
[43] 이승구, 『진정한 기독교적 위로』, 122.

지다. 그리스도 안에서 하나님을 인식하였다고 해서 모든 것이 끝난 것이 아니다. 그리스도 안에서 하나님을 인식한 뒤에라도 얼마든지 성경의 계시를 부정할 수 있기 때문이다. 그래서 하나님을 인식하는 것도(제네바 교리문답서), 우리의 유일한 위로인 그리스도에 관해서도(하이델베르크 요리문답서) 참된 신앙에 의해서만 가능하다. 참된 신앙을 가지지 않은 사람들은 그리스도와 연합하지 않았다고 선언하는 것과 마찬가지로[44] 그리스도 안에서 하나님을 참되게 인식하지 못했다는 것이다.

그리스도의 모든 유익에 참여하지 못한다는 것은 결국 그리스도를 모르는 것과 같은 것이다. 종교개혁 시대에 멜란히톤이나 칼빈이 이런 점을 잘 드러내 주었다. 그들이 그렇게도 강조했던 그 고귀한 그리스도와의 연합은 우리의 의식에서는 우리가 그리스도를 참되게 믿을 때에야 이루어지는 것이다.[45]

하이델베르크 요리문답 해설은 믿음에 대해 이렇게 언급하고 있다.

> 키케로(Cicero)에 따르면, "믿음"을 뜻하는 영어의 "faith"는 라틴어 "fiendo"에서 파생되었는데, 이 단어는 행위를 의미한다. 그에 의하면, 믿음이란 확신이요, 계약들과 입으로 발설될 수 있는 모든 사실의 진실성이요, 또한 정의의 근본이다.[46]

하이델베르크 요리문답 해설은 성경에서 언급하는 믿음은 일반적으로 하나님과 그의 뜻과 역사와 은혜에 관하여 계시되는 내용에 대한 동의 혹은 특정한 지식이며, 우리는 믿음으로 신적인 증언에 대해 신뢰하는 것으로 네 가지의 믿음을 말하고 있다. 그것은 역사적 믿음, 일시적 믿음, 이적을 행하

---

44 이승구, 『진정한 기독교적 위로』, 125.
45 이승구, 『진정한 기독교적 위로』, 125-126.
46 Zacharias Ursinus, 『하이델베르크 요리문답 해설』, 202.

는 믿음, 그리고 의롭다 하심을 얻는 믿음 혹은 구원 얻는 믿음이다.[47]

하이델베르크 요리문답은 믿음을 인식과 신뢰로 표현하는데 이것은 칼빈의 제네바 신앙 교육서(111문 이하)의 영향을 받은 것이다.[48] 그런 의미에서 김영재는 하이델베르크 요리문답이 칼빈적인 전통을 따르고 있다고 주장한다. 칼빈의 교리문답이 인간을 인식하되 하나님 중심으로 하고 하나님을 인식하는 것과 하나님을 예배하고 하나님께 영광 돌리는 것으로 시작한다면, 하이델베르크 요리문답은 인간에 대한 인식과 인간이 처해 있는 실제적인 상태를 인식하는데서 시작하고 있기 때문이라는 것이다.[49]

하이델베르크 요리문답서 21문은 믿음에 두 가지 요소가 있음을 가르친다. 그것은 확실한 지식과 깊이 뿌리박힌 확신(신뢰)이다.

첫째, 믿음에는 지적인 요소가 있다. 이 지적인 요소가 무시되면 믿음은 참된 믿음이 아니고 맹신과 광신이 되는 것이다. 믿음의 지적인 요소에 대한 바른 이해는 참된 믿음의 충분조건은 아니지만 필요조건이다. 그러한 믿음의 내용은 먼저 포괄적인 것으로서 "그의 말씀에서 계시하신 모든 것이 진리다"는 것이다. 이것은 하나님의 말씀인 성경의 가르침에 대한 믿음을 의미하는 것이다. 그러므로 참된 믿음은 성경이 하나님의 말씀이라는 사실을 받아들이는 것에서 시작한다.[50]

"성경이 가르치는 것은 모두가 진리다"는 그 명제를 믿으면서도 실질적으로 성경이 구체적으로 가르치는 바를 바르게 인식(=제네바 교리문답서의 하나님 인식)하지 못하는 것은 결국 참된 신앙이 아니다.[51]

---

47 Zacharias Ursinus, 『하이델베르크 요리문답 해설』, 202-203.
48 권호덕, "하이델베르크 요리문답의 신학적 특징에 대한 연구", 196.
49 김영재, 『교회와 신앙고백』 (서울: 성광문화사, 1989), 135-136.
50 이승구, 『진정한 기독교적 위로』, 128.
51 이승구, 『진정한 기독교적 위로』, 129.

둘째, 믿음의 지적인 요소는 "오직 그리스도의 공로 때문에 하나님께서 죄 사함과 영원한 의로움과 구원을 나에게 주셨다"라는 그리스도께서 이루신 구속에 관한 지식이다. 이는 십자가와 부활로 대표되는 그리스도의 구속 사건 자체에 대한 믿음과 그 의미에 대한 믿음을 포함하는 것이다. 구속 사실의 역사적 실재성을 무시하면 안 된다. 특히, 십자가와 부활 사건의 실재성을 받아들이지 않으면 참된 신앙의 근거는 다 상실되는 것이다. 참된 신앙은 구속 사건의 역사적 사실성을 받아들이는 것으로 시작하는 것이다.[52]

하이델베르크 요리문답서의 이 두 가지 믿음의 지적 요소는 하나님을 인식함에 있어 이중적으로 창조주 하나님에 관한 지식과 구속주 예수그리스도에 관한 지식의 두 요소를 말하고 있는 제네바 교리문답서와도 동일하다.

셋째, 믿음의 지적인 요소 외에 또 다른 믿음의 요소는 확신(신뢰)이다. 참된 믿음이 되기 위해서는 믿음의 내용만이 아니라 믿는 방식도 바른 것이어야 한다. 즉, 그 구원 사실과 성경의 가르침에 나의 존재와 삶 전체를 다 내던져 넣는 것이 필요한 것이다. 그것을 확신, 또는 신뢰라고 한다. 이는 결국 하나님에 대한 신뢰이다.[53] 그것을 하이델베르크 요리문답서 21문에서는 "굳은 신뢰"라고 하며 제네바 교리문답서 12항에서는 "진심으로 굳게 믿는 것"이라 가르치고 있다.

칼빈은 『기독교 강요』 3권 제2장에서 대개의 사람들은 이 믿음이라는 단어를 들을 때에 복음 역사에 대해 그저 일반적으로 동의하는 것 이상으로 깊게 이해하지를 못하고 있다고 말한다. 그러면서 믿음이 한 분 하나

---

52 이승구, 『진정한 기독교적 위로』, 130.
53 이승구, 『진정한 기독교적 위로』, 132.

님을 바라보는 것은 분명히 사실이다. 그러나 여기에 "그의 보내신 자 예수 그리스도를 아는 것"(요 17:3)이라는 사실을 덧붙여야 옳다고 말하고 있다.[54] 믿음은 소위 경건한 무식이 아니라 지식에 근거한다.

그리고 여기서 말하는 지식이란 하나님에 관한 지식만이 아니라 그리스도로 말미암아 이루어진 화목으로 인하여, 또한 그리스도께서 의로움과 거룩함과 생명으로서 우리에게 주신 바 된 결과로, 우리가 하나님께서 우리의 자비하신 아버지이심을 알게 되는 것이다. 칼빈은 로마 교회의 맹목적 믿음은 창조주 하나님과 구속주 예수 그리스도를 아는 지식이 없는 믿음 때문이었다고 비판한다.[55]

4. 사도신경

두 신앙 교육서의 특징이 또한 사도신경이다. 사도신경으로 이어지는 과정이 독특하면서도 맥을 같이하기 때문이다. 교리를 조직화하고 체계화하는 것은 성경을 경직되게 만드는 것이 아니다. 오히려 도그마(Dogma)는 하나님의 말씀에 의존하고 그 때문에 모두가 믿어야 할 의무를 지닌 신조들의 표현이다. 교의학은 신조들의 체계라고 한[56] 바빙크의 말처럼 교리는 성경의 뜻을 확증하고 세워주는 것이다. 이런 체계화의 핵심적 기초가 된 것이 사도신경임을 바빙크는 이렇게 언급하고 있다.

> 사도신경은 가장 오래된 신조다. 그것은 사도 자신들이 규정한 것은 아니지만 일찍이 2세기 초에도 존재했다. 근원에 있어서는 우리가 지금 알고 있

---

[54] 존 칼빈, 『기독교 강요 중』, 17.
[55] 존 칼빈, 『기독교 강요 중』, 18-19.
[56] Bavinck Herman, *Gereformeerde Dogmatiek* (Kampen: Uitgeverij, 1998), 9.

는 것보다 더 짧지만 기초 형태는 같았다. 즉, 그것은 기독교가 의존하고 있고 그 큰 사실들의 짧은 요약이었고 그와 같이 계속해서 그것은 공동체적인 근원이 되어왔고 모든 그리스도 왕국의 통일의 끊을 수 없는 줄이 되고 있다.[57]

위의 바빙크의 말처럼 사도신경을 중심으로 성경의 교리를 체계화하고자 하는 시도는 교회의 정체성을 확립하게 하고 연합을 지켜주며 악을 대항하는 교회의 신앙적 무기이다. 칼빈은 이 전통을 자신의 『기독교 강요』를 통해서 소개했으며 또한 강요의 요약을 신앙고백서에 담아냈다.[58]

제네바 교리문답서의 신학 해설에서 하나님을 인식하는 것은 구원자 그리스도를 인식하는 것으로 귀결되며 이것의 확신은 오직 그리스도 안에서 가능한 것이고 14항은 결국, 그리스도 안에서 하나님을 인식하는 것이라고 부언 설명하고 있다. 그리고 이 모든 것은 사도신경 안에 요약되어 있다는 것이다.[59]

죄인으로서 우리의 자격이 부적합하므로 사람은 하나님을 온전히 인식할 수 없으므로 하나님을 인식하기 위하여 요구되는 것이 믿음, 즉 신앙이라고 말하는 제네바 교리문답서는 15항에서 "저는 당신이 이와 같은 신앙고백을 요약해주시는 내용을 경청하고 싶습니다"라고 말하며 자연스럽게 사도신경으로 이어지고 있다.

그 이유에 대해 15항에서는 이렇게 말하고 있다.

---

[57] Bavinck Herman, *Our Reasonable Faith*, trans. Henry Zylstra (Grand Rapids: Eedmans Pub. C0., 1956), 119.
[58] 신원균, "스코틀랜드 신앙고백서와 웨스트민스터 신앙고백서의 교회론적 구조와 언약신학적 특징에 관한 연구", 66.
[59] John Calvin, 『요한네스 칼빈의 제네바 교회의 교리문답』, 16.

> 모든 그리스도인이 고백하는 신앙고백인 사도신경 안에 요약되어 있으며, 이는 초대 교회부터 모든 경건한 신앙인들이 고백했습니다. 사도신경은 성서에 근거한 사도들의 구두 전승을 통하여 작성된 것입니다.[60]

하나님 인식은 그리스도 안에서 가능한 것이고 그리스도 안에서의 하나님 인식은 믿음, 즉 신앙이 요구되며 그것은 곧 모든 그리스도인이 고백하는 신앙고백인 사도신경 안에 요약되어 있다는 것이다. 제네바 교리문답서 2절 14항, 15항에서는 하나님 인식이 믿음 안에서 사도신경에 대한 이해로 넘어가는 과정을 보여 주고 있다.

하이델베르크 요리문답서 또한 믿음, 곧 신앙이 모든 그리스도인이 고백하는 신앙고백인 사도신경 안에 요약되어 있다고 고백한다.

> 22문 : 그러면 그리스도인은 무엇을 믿어야 합니까?
> 답 : 복음에 약속된 모든 것을 믿어야 합니다. 이 복음은 보편적이고 의심할 여지 없는 우리의 기독교 신앙의 조항들인 사도신경이 요약하여 가르쳐 줍니다.[61]

그래서 하이델베르크 요리문답서는 우리가 믿어야할 믿음의 내용을 사도신경을 따라서 진술하고(22문, 23문) 이를 따라서 체계적으로 가르치고 있다(24문-64문).[62] 특별히 하이델베르크 요리문답서에서는 사도신경에 대해 사도적(Apostolic) 신조, 보편적(Catholic) 신조 두 가지를 언급하고 있다. 사도적 신조라 부르는 것은 이것이 초신자들이 믿고 고백해야 할 사도들의 가르침의 골자를 포함하기 때문이요, 혹은 사도들이 이 기독교 교리의

---

60 John Calvin, 『요한네스 칼빈의 제네바 교회의 교리문답』, 16.
61 『하이델베르크 요리문답』, 38-39.
62 이승구, 『진정한 기독교적 위로』, 129.

요지를 그 제자들에게 전해주었고, 그 후 시대의 교회가 그것을 받았기 때문이다. 보편적 신조라 부르는 것은 이것이 모든 그리스도인의 유일한 신앙이기 때문이다.[63]

제네바 교리문답서가 그리스도 안에서 하나님 인식이 믿음, 곧 신앙을 요구하고 그것이 사도신경 안에 요약되어 있다고 하였듯이 하이델베르크 요리문답서에서도 사나 죽으나 우리의 유일한 위로인 그리스도에 이어 믿음, 곧 신앙을 요구하며 그것이 사도신경 안에 요약되어 있다는 것에서, 제네바 교리문답서는 하나님 인식 뒤에 사도신경을, 하이델베르크 요리문답서는 우리의 유일한 위로 그리스도 뒤에 사도신경을 넣음으로써 두 신앙 교육서는 그 맥을 같이하고 있다.

이와 같은 맥락에서 김재성은 하이델베르크 요리문답 "전능하신 성부 하나님, 천지의 창조주를 나는 믿사오며라고 고백할 때 당신은 무엇을 믿습니까"라는 26문에 대해 그의 저서 『개혁 신학의 전통과 유산』에서 이렇게 언급하고 있다.

> 하이델베르크 요리문답 26문은 사도신경의 내용을 풀이하는 것인데, 창조와 섭리를 다루고 있는 내용이 마치 제네바 교리문답에서 칼빈이 창조와 섭리를 그리스도 안에서의 계시와 연결하였던 것과 유사하다. 칼빈은 만일 그리스도가 없다면 이 세상은 마치 암흑과 같을 것이요 미로 속에서 헤매는 것과 같을 것이라고 했다. 역시 같은 맥락에서 성부와 성자의 사역을 그리스도와 긴밀히 연결해서 풀이하고 있다.[64]

---

63 Zacharias Ursinus, 『하이델베르크 요리문답 해설』, 216-217.
64 김재성, 『개혁 신학의 전통과 유산-개혁 신학 광맥』, 227.

하이델베르크 요리문답서는 "복음, 혹은 우리가 믿어야 할 일들의 요지와 실체는 사도신경이다"[65] 라고 말하며 우리가 믿어야 할 믿음의 내용을 사도신경을 따라서 체계적으로 진술하고 있는데 이 사도신경의 내용을 하이델베르크 요리문답서는 세 부분으로 나누어 설명한다.

첫째, 성부와 우리의 창조에 대한 부분.
둘째, 성자와 우리의 구속에 대한 부분.
셋째, 성령과 우리의 성화에 관한 부분.

여기서 하이델베르크 요리문답의 사도신경은 삼위일체의 구조로 이해하는 것이 특징이다.[66]
또한, 제네바 교리문답도 사도신경을 네 가지로 구분하고 있다.

첫째, 성부 하나님.
둘째, 전체 인류가 포괄된 구원을 위하여 사역하시는 하나님의 아들 예수 그리스도.
셋째, 성령.
넷째, 교회와 이 안에서의 하나님의 은총.

하이델베르크 요리문답서와 마찬가지로 제네바 요리문답서 역시도 사도신경을 삼위일체의 구조로 보고 있다. 그러나 하이델베르크 요리문답서와 다른 점은 교회와 하나님의 은총이 추가되어 있다는 것이다. 또한, 여기서는 예수님의 공생애에 관한 부분은 생략되어 있는데 이와 관련하여

---

65 Zacharias Ursinus, 『하이델베르크 요리문답 해설』, 215.
66 이승구, 『진정한 기독교적 위로』, 137.

제네바 교리문답 55항은 단지 우리 구원의 본질만을 다루고 있기 때문이라고 말하며, 예수 그리스도의 고난과 죽음, 부활과 승천의 의미를 해명하고 있다.[67]

두 개의 신앙 교육서에 모두 사도신경의 위치는 매우 확고하고도 중요하다. 신앙고백의 존재 이유는 우리에게 희망과 위로를 주기 위함이다. 그러므로 우리는 사도신경을 무의미하게 암송해서는 안 될 것이다. 사도신경 고백이 우리의 진정한 삶의 고백이 되도록 우리의 삶 속에서 이를 해석해야 할 것이다.[68]

5. 하나님을 아는 지식

1) 삼위일체 하나님

하이델베르크 요리문답 25문은 이렇게 묻고 있다.

> 25문 : 오직 한 분 하나님만 계시는데 당신은 왜 삼위, 곧 성부, 성자, 성령을 말합니까?
> 답 : 왜냐하면, 하나님께서 자신을 그의 말씀에서 그렇게 계시하셨기 때문입니다. 곧 이 구별된 삼위는 한 분이시요 참되고 영원하신 하나님이십니다.[69]

참되고 영원하신 한 하나님에 대해 삼위일체 하나님을 말하고 있다. 하이델베르크 요리문답에서의 참되고 영원하신 한 분 하나님께서는 자신이

67　John Calvin, 『요한네스 칼빈의 제네바 교회의 교리문답』, 16.
68　John Calvin, 『요한네스 칼빈의 제네바 교회의 교리문답』, 17.
69　『하이델베르크 요리문답』, 44.

어떠하신 분이신지를 단번이 아니라, 점진적으로 계시하여 오셨는데 특별히 구약에서는 하나님께서 한 분의 유일하신 하나님이심을 강조하고 있다. 이스라엘 백성이 유월절마다 암송하는 소위 "쉐마"에서는 우리 하나님 여호와는 오직 하나인 여호와라고 해서 하나님이 한 분이심을 강조하여 가르치고 있다.[70]

이 한 분 하나님에 대해서는 마음을 다하고, 성품을 다하고, 힘을 다하여, 즉 우리의 모든 것을 다하여 섬기는 것이다. 그것을 하이델베르크 요리문답서 4문은 이렇게 말한다.

> 4문 : 하나님의 율법이 우리에게 요구하는 것은 무엇입니까?
> 답 : 그리스도는 마태복음 22장에서 이렇게 요약하여 가르치십니다.
> "네 마음을 다하고 목숨을 다하고 뜻을 다하여 주 너의 하나님을 사랑하라 하셨으니 이것이 크고 첫째 되는 계명이요."[71]

그런데 신약에서 계시 된 또 하나의 중요한 사실은 이 한 분이신 하나님은 아주 독특한 방식으로 존재하신다는 것이다. 일반적으로 한 분이 있다고 하면 그에게 하나의 인격이 있다고 생각하게 되나 하나님은 이와는 좀 다른 존재 방식을 가지고 계신다. 그것은 하나님은 한 분이시지만 그 한 신성이 세 위격(three persons, three hypostasis)을 가지고 있다는 것이다. 즉, 하나님의 본질은 하나이지만, 이 본질이 구현하고 있는 위격은 셋이시다는 것이다.[72]

하이델베르크 요리문답서 24문은 이렇게 말한다.

---

[70] 이승구,『진정한 기독교적 위로』, 138.
[71] 『하이델베르크 요리문답』, 18.
[72] 이승구,『진정한 기독교적 위로』, 139.

24문 : 이 조항들은 어떻게 나누어집니까?
답 : 세 부분으로 나누어집니다.

첫째, 성부 하나님과 우리의 창조,
둘째, 성자 하나님과 우리의 구속,
셋째, 성령 하나님과 우리의 성화에 관한 것입니다.[73]

여기 24문은 삼위 하나님에 대해 오해의 소지가 있을 수 있다. 창조는 성부 하나님이, 구속은 성자 하나님이, 성화는 성령 하나님이 하시는 것으로 언급하고 있기 때문이다. 우르시누스는 이러한 오해에 대해 삼위 가운데 다른 위들의 개입이 없다는 뜻이 아니라고 답변한다.[74]

이 삼위 하나님은 위격마다 피조물들에 대하여 특정한 사역을 하시지만, 다음의 질서는 그대로 보존된다. 즉, 성부께서는 성자와 성령을 통하여 스스로 모든 일을 행하시고, 성자께서는 성령을 통하여 성부의 모든 일을 행하시며, 성령께서는 성부와 성자의 모든 일을 자기 자신을 통해서 행하신다는 것이다. 그러므로 이렇게 해서 삼위의 모든 위가 다 창조하시고 구속하시고 거룩하게 하시는 것이다.[75]

하이델베르크 요리문답서 해설에서는 삼위일체의 교리는 반드시 가르치고 견지해야 한다고 말하고 있다. 그 이유를 두 가지로 들고 있다.

첫째, 하나님의 영광을 위해서이다. 하나님께서 다른 우상들과는 다른 분이심이 드러나고, 그들과 뒤섞이지 않도록 하며, 하나님께서 자신을 계시하신 모습 그대로 알려지시고 경배받으시도록 하기 위한 것이다.

---

[73] 이승구, 『진정한 기독교적 위로』, 44.
[74] Zacharias Ursinus, 『하이델베르크 요리문답 해설』, 219.
[75] Zacharias Ursinus, 『하이델베르크 요리문답 해설』, 220.

둘째, 우리의 위로와 구원을 위해서이다. 성부 하나님을 알지 않고서는 아무도 구원받을 수 없다. 그러나 성자가 없이는 성부를 알 수가 없다. 또한, 우리의 중보자이신 성자 하나님을 믿는 믿음이 없이는 아무도 구원을 받을 수 없다. 그리고 성령을 알지 못하고는 아무도 거룩하게 되지 못하고 구원받지 못한다.[76]

『기독교 강요』 1권 제13장에서는 "성경은 태초부터 하나님이 한 본질이시며 그 안에 삼위가 계심을 가르친다"라고 시작한다.

칼빈은 성경이 계시하는 하나님은 무슨 형상이나 우상이 아니라 무한한 본질이요 영적인 본질로서 단순하고 나누어질 수 없으며 통일성을 지닌 한 분이시다. 그러나 동시에 이 한 분 하나님은 세 위격을 지니셨다고 말한다. 그는 비록 성경이 삼위일체라든지 위격이라는 용어를 사용하지는 않으나, 이 삼위일체 하나님을 성경이 증거하며 성경이 인정하는 것이라고 주장하였다.

칼빈은 보다 구체적인 삼위일체 교리를 성경에서 입증해 내고 성경에서 확인하였다.[77] 칼빈은 삼위일체 하나님의 삼위와 일체성의 연관에 대하여 나지안주스의 그레고리(Gregory of Nazianzus)의 말을 인용한다.

"내가 한 분 하나님을 생각하자마자 나는 곧 삼위 하나님의 광채에 휩싸인다. 그리고 삼위로 분별하자마자 나는 곧 한 분 하나님께로 돌아간다."[78]

칼빈의 삼위일체를 접근하는 그의 신학적인 설명은 목회적이요, 실천적이며, 성경적이라는 특징을 가지고 있으며 성경을 통해서 발견한 하나님에 관한 지식은 칼빈이 삼위일체 되신 하나님을 고백하게 했다.[79]

---

76 Zacharias Ursinus, 『하이델베르크 요리문답 해설』, 247-248.
77 존 칼빈, 『기독교 강요 상』, 144-149.
78 존 칼빈, 『기독교 강요 상』, 169-170.
79 김재성, "칼빈의 삼위일체론, 그 형성과정과 독특성", 「신학정론」 (2002, 20권 1호),

칼빈의 하나님에 관한 지식에서 성경에 계시하신 바에 따라 하나님에 대해서 이해할 수 있는 가장 정확한 내용은 성부, 성자, 성령으로, "삼위일체"(Trinity)는 참된 하나님을 이해하는 유일한 방법이며 하나님 자신에 대한 유일한 계시이다.[80]

이러한 삼위일체 교리에는 아리우스주의나 양태론 등 이단적인 논쟁들이 많으나 우리의 바른 삼위일체 이해는 한 분 하나님이 성부, 성자, 성령의 삼위(三位, three persons)로 존재하신다고 이해해야 한다. 그러므로 성부, 성자, 성령은 그 존재와 영광과 권세에 있어서 동등하시며, 동일한 본질을 가지고 계셔서 한 하나님으로 계시가 되는 것이다.

2) 창조주 하나님과 구속주 하나님

사도신경에서 고백되는 첫 번째와 두 번째 신앙의 조항은 창조주 하나님과 구속주 하나님에 대한 고백이다. 하나님을 인식하는 것에 대한 하나님을 아는 지식은 이중적으로 창조주 하나님에 관한 지식과 예수 그리스도, 즉 구속주 하나님에 관한 지식이 성령으로 말미암아 가능하게 되는 것이다.

하이델베르크 요리문답 26문이다.

> 26문 : "전능하신 성부 하나님, 천지의 창조주를 나는 믿사오며"라고 고백할 때 당신은 무엇을 믿습니까?
> 답 : 우리 주 예수 그리스도의 영원한 아버지께서 아무것도 없는 중에서 하늘과 땅과 그 가운데 있는 모든 것을 창조하셨고, 또한 그의 영원한 작정과

119-120.
[80] 김재성,「신학정론」(2002, 20권 1호), 124.

> 섭리로써 이 모든 것을 보존하고 다스리심을 믿으며...[81]

또한, 제네바 교리문답 25문에서는 "왜 하나님께서 하늘과 땅의 창조자라는 사실을 추가했습니까?"

물으며 그에 대해 하나님께서 그의 사역을 통하여 자신을 계시하셨기 때문이라고 답하고 있다.[82] 이렇게 두 교리문답서의 질문처럼 천지의 창조주로서의 하나님을 믿는 것은 모든 신앙의 근본이다. 창조주 하나님에 관한 지식에 있어 이 세상이 하나님에 의해서 창조되었다는 사실은 관찰이나 추론 때문에 알 수 있는 것이 아니다. 창조주 하나님에 관해 성경은 믿음으로만 알 수 있다고 말한다. 창조주 하나님과 창조 사실에 관한 지식을 가지려면 우리는 성경으로 가서 성경이 말하는 바를 사실로 받아들일 수밖에 없는 것이다. 성경의 창조 기사가 창조주 하나님과 창조 사실에 관한 지식의 일차적 근거라는 것이다.[83]

또한, 칼빈은 『기독교 강요』에서 하나님을 아는 지식이 우주의 창조와 그 지속적인 운행에서 분명히 드러난다고 말하고 있다.[84] 성부 하나님은 성자와 성령을 통하여 세상을 창조하셨다. 지극히 자유로운 상태에서 하나님은 그 어떠한 수고나 노력 없이 단 한 번의 명령, 말씀으로 세상을 지으셨는데 그것은 아무것도 없는 무(無)로부터의 창조였다. 또한, 그것은 지극히 지혜롭고 선하고, 완전하신 창조였다.[85]

창조주 하나님께서 세상을 창조하신 궁극적인 목적은 하나님의 영광과 찬송으로 창조된 만물에서 드러나는 신적인 지혜와 권능과 선하심을 하나

---

81 『하이델베르크 요리문답』, 46.
82 John Calvin, 『요한네스 칼빈의 제네바 교회의 교리문답』, 53.
83 이승구, 『진정한 기독교적 위로』, 146-147.
84 존 칼빈, 『기독교 강요 상』, 59.
85 Zacharias Ursinus, 『하이델베르크 요리문답 해설』, 257-259.

님의 피조물들이 알기 원하셨으며 창조 안에서 그의 섭리로 세상을 다스리시고 보존하기 원하셨기 때문이다.[86] 이러한 하나님이 예수 그리스도 안에서 우리의 아버지가 되시므로 우리의 육신의 생활과 영혼에 필요한 모든 것을 적절하게 공급해 주신다. 이것은 하나님의 기뻐하시고 온전하시며 선하신 뜻 안에서 우리에게 공급하시는 은혜. 이것이 우리에게 무한한 위로와 소망이며 기쁨이 되는 것이다.

하나님을 아는 지식으로서 두 번째는 구속주 하나님에 관한 것이다. 그것을 하이델베르크 29문은 이렇게 질문하고 있다.

> 29문 : 왜 하나님의 아들을 예수, 곧 구주(救主)라 부릅니까?
> 답 : 그가 우리를 우리 죄에서 구원하시기 때문이고, 또 그분 외에는 어디에서도 구원을 찾아서도 안 되며 발견할 수도 없기 때문입니다.[87]

또한, 제네바 교리문답서 30-31문에서 사도신경의 두 번째 부분이 하나님의 아들이 우리의 구원자가 되시며 어떻게 그가 우리를 죽음으로부터 구원하시고 우리에게 생명을 주셨는지를 설명하고 있다고 말한다.[88]

칼빈의 『기독교 강요』 2권은 "율법 아래에서 조상들에게 나타나셨고 복음 안에서 우리에게 나타나신 구속주 하나님, 곧 그리스도를 아는 지식"으로 시작하며 타락한 인간은 마땅히 그리스도 안에서 구속을 구해야 한다고 말한다. 인간이 생명에서 사망으로 타락하였으므로 그리스도 안에서 성부 하나님을 제시해 주기 전에는 창조주 하나님을 아는 지식 전체가 쓸모없게 되어버린다고까지 말하고 있다.[89] 아담의 타락 이후로 인간은 구속

---

[86] Zacharias Ursinus, 『하이델베르크 요리문답 해설』, 260.
[87] 『하이델베르크 요리문답』, 53.
[88] John Calvin, 『요한네스 칼빈의 제네바 교회의 교리문답』, 57.
[89] 존 칼빈, 『기독교 강요 상』, 418.

주를 떠나서는 하나님에 관한 그 어떠한 지식도 구원에 이르게 하는 능력이 되지 못한다.

구속주 하나님은 유일한 구원자가 되사 그의 공로로 말미암아 우리를 구원하시되, 우리를 위해 죗값을 지급하시고 성령을 주사 우리를 중생시키시고 영생에 이르도록 우리를 살리신다. 구속주 하나님은 아버지 하나님의 뜻을 우리에게 계시하시며 그 사역을 제정하시고 보존하시며, 사람들을 회심시키시며, 교회를 모으시고 지키시고, 그를 믿는 모든 자를 결국 마지막 날에 영생으로 이끄시며 모든 원수를 영원한 형벌에 던지실 것이다.[90]

사람을 죄로부터 구원할 분은 오직 한 분 예수 그리스도밖에는 없다. 참 구원자이신 예수 그리스도를 믿고 받아들이는 것은 인간의 어떠한 공로도 필요하지 않다. 예수 그리스도는 영원한 제사장이신 멜기세덱의 반열을 따라 영원한 대제사장으로 임명되셔서 우리를 대신하여 아버지 앞에서 십자가의 제단에 자신을 바치셨다. 그리고 우리의 죄를 씻기 위하여 값진 피를 뿌리시고 아버지의 진노를 소멸하기에 충분한 보상을 치르셨다.

예수 그리스도는 참으로 의로우신 분이셨지만 그는 불의한 자를 위하여 고난을 받으셨다. 그의 몸과 영혼이 다 같이 우리의 죗값에 해당하는 무서운 벌을 경험하셨으며 그의 땀은 땅에 쏟아지는 핏방울처럼 되었다. 이 모든 것은 우리의 죄의 용서를 위한 일이었다. 십자가에 죽으신 우리 주 예수 그리스도의 상처에서 우리는 위로를 얻는다. 믿는 자가 영원히 완전할 수 있도록 십자가에서 피 흘리신 예수 그리스도의 이 유일한 희생밖에는 하나님과 화해할 수 있는 어떤 방법도 찾을 수가 없다. 그러므로 예수 그리스도는 우리의 주가 되셨다. 그가 자기 백성을 죄에서 구원하셨기 때문이다.

---

90 Zacharias Ursinus, 『하이델베르크 요리문답 해설』, 291-292.

신자는 완전한 구원에 필요한 모든 것을 예수 그리스도에게서 얻는다. 신자는 오직 예수 그리스도를 믿음으로만 구원을 얻는다. 그 외에 사람의 그 어떤 행위로도 이러한 구원에 이를 수는 없다. 하나님을 아는 지식이다.

"나는 천지의 창조자 전능하신 아버지 하나님을 믿는다."

"그리고 그의 아들, 우리 주 예수 그리스도를 믿는다."

이 두 가지로 요약되며 이러한 창조주 하나님과 구속주 하나님에 대한 이중적 하나님 지식은 참되고 영원하신 한 하나님에 대한 삼위일체 하나님으로 정리된다.

지금까지 칼빈의 제네바 교리문답서와 우르시누스의 하이델베르크 요리문답서를 비교하였는데 다음은 두 신앙 교육서의 1문, 인생의 목적으로 시작해서 사도신경으로 이어지는 과정의 비교를 결론적으로 좀 더 명확하게 보기 위해 도표로 만들어 보았다.

제네바 신앙 교육서		하이델베르크 신앙 교육서
1문. 하나님 인식 - 하나님으로 시작		1문. 우리의 유일한 위로 - 인간으로 시작
하나님 인식	ⓐ 창조주 하나님 ⓑ 구속주 예수 그리스도	= 1. 하나님에 관한 지식 2. 우리 자신에 관한 지식(『기독교 강요』1권 1장)
하나님 인식 없으면 인간은 비참 (4문)		비참(2문)
계시(성경) 제시(『기독교 강요』1권 6장)		
하나님 인식 = 그리스도 안에서 하나님 인식(14문)		
하나님 인식만으로는 부족(10-11문) ✚ 믿음(신앙)요구(12문)		믿음(신앙)요구(20문) 믿음 = 1.확실한 지식 ✚ 2.신뢰(신앙)

	지식 = ⓐ 창조주 하나님 ⓑ 구속주 예수 그리스도
	계시(성경)제시(21문)
위의 모든 것이 사도신경으로 요약(15문) <삼위일체 구조✚교회(하나님의 은총)>	위의 모든 것이 사도신경으로 요약(22문) <삼위일체 구조>

[도표] 제네바 신앙 교육서 하이델베르크 신앙 교육서 비교

하이델베르크 요리문답은 전체적인 신학의 구조와 내용에서 칼빈과 다른 길을 걷고 있지 않으며, 충실하게 그의 사상을 계승하였다. 그러나 우리가 살펴본 바와 같이, 제네바 교리문답서의 독특하고도 삶의 목적으로서의 확고한 '인식'이라는 주제를 뛰어넘어, 하이델베르크 요리문답 역시도 '비참', '위로', '감사'라는 독특한 주제들의 의미와 가치를 선명하게 드러내고 있다.[91]

---

[91] 이재근, 『칼빈과 하이델베르크 요리문답의 율법이해』, 128-129.

제6장

결론

1960년대 이후로 기독교 역사상 유례가 없는 양적 성장을 거듭하며 국민의 25% 이상이 기독교 신자로 등록되며 선교의 기적을 이루었던 한국교회가 2008년 문화체육관광부가 발표한 한국의 종교 현황에 보면 성도 수 870만 명(2005년도 통계), 불교 6% 증가, 천주교 15% 증가, 개신교 36% 감소한 것으로 발표되었다. 한국 교회가 침체의 시기에 있는 것이다.

한국 교회가 세계에서 가장 성공적으로 성장했다고 소개했던 존스톤과 맨드릭은 같은 책에서 한국 교회의 문제가 있는 현실을 네 가지로 정리하였다.

첫째, 통계적인 성장, 인상적인 조직과 건물 등 교회 지도자들이 십자가를 지기보다는 성공, 부, 학위를 추구하는 영적 자만심.

둘째, 교리상으로나 지역적으로나 조직적으로 분열.

셋째, 권위주의, 형식주의, 율법주의에 빠진 교회의 지도력.

넷째, 성서적 진리가 사회 주제에 적용되지 못하고 낮은 윤리적 기준에 머무는 윤리적 가르침의 소홀이다.[1]

---

1 이원규, http://blog.daum.net/lbts5857/3155, 2012.07.09

한국 교회는 초대 교회가 가졌던 신앙의 모습으로 돌아가 선교적 열정과 복음적 진리와 순결을 회복해야 한다.

존 오웬은 『왜 그들은 복음을 배반하는가』라는 책에서 배도의 여러 가지 이유와 원인 중에서 성경적 무지와 복음의 가르침을 저버리는 것을 이야기하고 있다. 그러므로 현대의 신앙 교육서를 되돌아보고 교회와 나아가 사회를 개혁할만한 개혁교회 신앙 교육의 방향을 살펴보기 위하여 현대 신앙고백서들의 근간이 되어온 제네바 교리문답서와 하이델베르크 요리문답서의 연구의 필요가 그 어느 때보다 요구되는 시기라 하겠다.

본서는 제네바와 하이델베르크의 신앙 교육서를 비교하기에 앞서 제1장 서론에서 두 개의 신앙 교육서가 신학적인 가치를 뛰어넘어 실천적 문제 제기를 통해 오늘날 심각한 타락과 부패 가운데 있는 한국 교회와 신자들을 일으키고 진정한 복음과 경건의 능력을 회복시키기를 소망했다.

제2장에서 신앙 교육서의 문법적, 역사적 이해를 돕기 위해 요리문답의 어원과 역사적 개요, 그리고 신앙 교육의 필요성을 살펴보았다.

제3장에서는 개혁교회의 모든 신앙 교육서는 특별한 역사적인 배경 아래에 작성되었기에 신앙 교육서를 잘 이해하기 위하여 역사적, 신학적 배경과 이 시대, 교회의 개혁에 중심이 되고 선봉에 서야 할 교회 지도자의 개혁주의 신앙과 신학을 확고히 하고자 저자의 신앙과 신학을 살펴보았다.

제4장에서는 제네바 교회개혁의 중심이었던 제네바 신앙고백서의 구조와 하이델베르크 신앙고백서의 구조를 살펴보고 두 신앙고백서가 종교개혁 시대 교회개혁과 사회개혁에 끼친 영향을 살펴보았다.

제5장에서는 제네바 신앙고백서와 하이델베르크 신앙고백서의 시작인 1문을 비교하고 칼빈의 하나님 인식과 우르시누스의 위로에서 시작해 창조주 하나님과 구속주를 아는 지식, 그리고 믿음 안에서 사도신경으로 요약되는 두 신앙 교육서의 차이와 강조점을 비교하였고 제6장에서 결론을

맺게 되었다.

　지금까지 살펴본 주요 논지들에 대한 요약을 해보자면 먼저 구조에서, 제네바 신앙 교육서는 전체 373문으로 52주에 3개의 절기를 포함 55과로 구성되었고, 전체는 4부분으로 나눈다.

첫째, 사도신경의 해설로 기독교의 기본신앙을 가르치는 신앙에 관하여 (1-130문),
둘째, 십계명의 해설로 가르치는 율법에 관하여(131-232문),
셋째, 주기도문으로 가르치는 기도에 관하여(233-295문),
넷째, 하나님의 말씀과 성례에 관하여(296-373문)다.

　율법과 복음의 구조인 루터의 신앙 교육서와는 달리 복음과 율법의 구조로 바꾸었으며, 십계명 뒤에 사도신경을 놓았던 1차 신앙 교육서와 비교해도 사도신경 뒤에 십계명을 놓은 구조의 독특함을 보았다. 이에 반해 하이델베르크 신앙 교육서는 전체 129문 52과로 구성되었고, 전체는 3부분이다.

첫째, 죄로 인한 인간의 비참(1-11문),
둘째, 그리스도의 구속 은혜(12-85문),
셋째, 중생한 자에게서 나오는 열매인 감사(86-129문)이다.

　벌콥(Louis Berkhof)은 "교리문답의 역사적 전통성은 단지 칼빈에게 시작된 것이 아니라, 사도들로부터 이어져 온 교회의 전통적인 신앙 교육의 질서"임을 주장했다. 칼빈은 이 중요성을 자신의 교리문답 서문에서 교회는 언제나 어린아이들을 기독교 신앙 교리 안에서 양육하라는 특별한 권면을 받아왔으며 이를 규모 있게 수행하기 위해 교회는 교리문답이라고 불리는 어떤 특정한 규칙서를 사용하였다.

이 교리문답은 옛적부터 그리스도인들 가운데서 준수됐으며 교회가 완전히 부패했을 경우를 제외하고는 결코 포기된 적이 없는 관례적이라고 언급한다. 교회는 반드시 교리문답과 함께 시작하고 함께 가는 관계여야 한다. 교리문답이 세워지면 교회가 세워질 수 있고, 교리문답의 가르침이 중단되면, 교회도 붕괴할 수 있다는 경고는 오늘날 한국 교회에 던져주는 의미가 매우 크다.[2]

안타깝게도 오늘날 교회와 그리스도인들은 세상의 문화를 여과 없이 받아들이며 자본주의의 병폐를 넘어 유사 종교 수준에 이를 정도로 심각한 상태이다. 신앙고백서를 채택하고 연구하므로 교리의 확립과 교회의 개혁을 이루기보다는 종교적 감정과 생활을 더 강조하여 신조 없는 교회, 신앙고백이 없는 교회를 만들어 가고 있다. 수원 영통의 어떤 교회는 성도에게 맞는 교회가 있으며 자기 교회에 오면 구원이 있다고 주장하는 교회도 있다.

뉴질랜드 오클랜드 북부의 알바니쇼어 비니어드교회의 빅프란시스 목사와 컬버웰 목사는 주일 저녁 예배를 설교도 찬송도 없이 술을 마시며 지역의 한 스포츠 바에서 진행하여 해외토픽에 오르기도 하였다. 경건주의와 자유주의의 신조 무용론도 문제지만 신정통주의자들은 항상 사랑과 화목의 주제 아래 수평적 교회 연합을 최고의 목표로 제시하는 에큐메니컬 운동을 주장한다. 또한, 이들은 이 운동을 위해서 웨스트민스터 신앙고백서의 교회론이 가진 편협하고 독선적인 교회관을 넘어서야 한다고 비판한다.[3]

---

[2] 신원균, "스코틀랜드 신앙고백서와 웨스트민스터 신앙고백서의 교회론적 구조와 언약신학적 특징에 관한 연구", 60.

[3] 신원균, "스코틀랜드 신앙고백서와 웨스트민스터 신앙고백서의 교회론적 구조와 언약신학적 특징에 관한 연구", 1-2.

신학 사조는 기독교의 절대성과 그리스도의 유일성을 부정하는 방향으로 나아가고 있다. 세계교회협의회(WCC)는 다른 종교에도 성령 하나님의 구원 사역과 성령의 열매가 있다고 선언한다. 미합중국장로교회는 바르트주의(신신학)를 바탕으로 만들어진 <새 신앙고백서>(1967)를 수용하고 있다. 그러나 바르트주의의 가장 큰 문제점은 성경관이다. "성경은 하나님의 말씀이다"라고 말하지 않고 "성경은 하나님의 말씀이 된다"고 말한다.

성경의 무오성은 신학의 마지막 보루이며 새로운 신앙고백의 필요성은 항상 존재한다. 그러나 새 신앙고백서를 만든다고 하여 새것이 옛것보다 더 탁월하고 창의적인 것이 된다는 보장은 없다. 현대 신앙고백서들은 대체로 핵심 교리들을 지나치게 일방적이거나 빈약하게 다룬다.[4]

개혁교회의 신앙 교육서는 성경의 참된 의미를 정의하고 요약했으며 어느 한 부분에 치우치지도 과장되거나 축소되지도 않았으며 통일성과 체계성, 조직성을 확립하여서 성도를 양육하고 이단을 방어하며 교회를 견고하게 세워가는 데 최선의 것이다.

하이델베르크 요리문답이 보급되었을 당시 하이델베르크 요리문답을 택한 개혁교회에서 주일 아침에 성경 본문으로 설교하고 오후에는 요리문답 설교를 하는 전통이 형성되었는데, 이것은 성경의 교훈을 잘 요약한 요리문답을 설교하는 것이 하나님 말씀의 모든 부분을 골고루 전하는 효과적인 방법임이 입증되었기 때문이다. 그것에 반대가 없었던 것은 아니다.

17세기에 아르미니우스주의자들은 '오직 성경'을 주장하며 요리문답 설교를 비판하기도 했다. 그러나 이것은 요리문답이 성경의 교훈을 요약한 신앙고백이라는 사실을 의도적으로 무시한 것이었고, 사실은 자신들의 비성경적인 주장들을 감추기 위한 것이었다. 도르트 대회(1618-1619)에서

---

[4] 최덕성, 웨스트민스터신앙고백서: 개혁주의 교회의 연합과 일치의 조건, http://blog.daum.net/yyk9179/1090, 2012.03.28.

아르미니우스주의의 오류를 성경적으로 반박했을 뿐만 아니라 요리문답 설교의 타당성도 확정했다.[5]

김재성은 『개혁 신학의 전통과 유산』에서 칼빈주의 신학의 초기 발전 과정에서 몇 가지 교훈을 얻는다고 말하고 있다.

첫째, 지난날 개혁주의 신앙인들의 헌신과 눈물 어린 탐구의 결과로 빚어진 이런 신앙 유산에 대해서 도무지 관심을 가지지 않는 사람들을 보게 되는데, 개혁 신학의 소중한 전통과 유산을 가볍게 생각하거나 소홀히 취급하지 말아야 한다. 순교한 성도들의 외침을 무시하고 오늘의 시류와 문화에 도취하여 버린다면 기독교는 생명력을 상실하게 될 것이다.

개혁주의 순교자들의 순수한 신앙은 성경의 교훈대로 실천하는 교회운동으로 출발하여, 경건한 개인의 신앙생활은 물론이요. 당시 사회와 문화와 교육과 경제 등 인간의 삶을 향상해 주었다. 개혁 신학의 전통을 지나간 구시대의 유품이나 골동품 정도로 무시할 것이 아니라 이것을 통해 앞선 세대의 신앙인들이 어떻게 살아갔는가를 알아야 하고, 그 시대와 문화 속에서 무엇을 추구했는가를 알 때 비로소 우리 시대에 범하는 오류들을 제거할 수 있을 것이다.

둘째, 개혁 신학의 장점을 더욱 되살리는 노력을 기울여야 한다. 성경의 절대 권위를 깊이 이해하고, 방황하는 사람들에게 바른 인생관과 가치관과 세계관을 심어주고 역사와 인류 문화의 죄와 방탕을 방지하는 능력을 발휘하여야 할 것이다.[6]

---

[5] 『하이델베르크 요리문답』, 서문.
[6] 김재성, 『개혁 신학의 전통과 유산-개혁 신학 광맥』, 235-237.

칼빈이나 우르시누스 또는 신앙 교육서의 가르침이 하나님의 말씀을 대신할 수는 없다. 다만 칼빈과 우르시누스, 그리고 동시대를 살았던 개혁주의자들에 의해 만들어지고 전승되어 내려온 이 개혁주의 전통의 은혜로운 교리가 무시되고 교회와 신자들의 뇌리에서 사라지지 않길 바라며 이것이 예수 그리스도의 복음으로써 세상을 변화시켜야 할 교회와 성도들에게 먼저 오늘의 교회를 개혁하기 위한 중요한 도구가 되길 바랄 뿐이다.

끝으로 본서에서 제네바 신앙 교육서와 하이델베르크 신앙 교육서를 비교한 목적을 간략히 개진한다면 16세기 제네바와 독일의 교회와 성도의 모습이 현대의 교회와 흡사하다는 데 있다. 구체적으로 몇 가지가 있다.

첫째, 역사적 상황이 그렇다는 것이다. 당시의 제네바 상황은 교회는 썩을 대로 썩었고 교리적 탈선, 교황들의 탐욕과 성직자들의 타락, 면죄부 판매량의 증가, 성직자들의 낮은 교육 수준, 성직의 매관매직, 성도와 성직자들의 첩을 여럿 두는 문제나 공창제도를 비롯한 심각한 성적 타락과 도박 등이 만연했다.

또한, 하이델베르크 요리문답의 배경이 된 독일은 루터파, 필립파, 칼빈파, 쯔빙글리파 등 프로테스탄트 학자들의 격전장이 되었다. 한편에는 로마 교회의 풍습이 남아있고 다른 한편으로는 개혁주의 신학의 대립이 일어나 신학 논쟁의 소용돌이 속에 있었다. 성만찬 논쟁으로 시작된 서로 다른 파의 지도자들로 인하여 강단은 무절제한 분쟁의 현장이 되었다. 그 이유는 제네바나 독일이나 그만큼 그 시대가 복음의 정수들(하나님을 아는 지식)에 결핍되어 그로 인한 무지로 인하여 교회가 경건을 잃어버렸기 때문이다.

둘째, 그러므로 교회가 경건을 회복하기 위한 수단으로 통일된 신앙고백의 신앙 교육서가 절실히 필요했다는 것이다. 칼빈이 "교회에서 교사의 직분을 떠맡은 이후로, 경건에 관한 순수한 교리를 유지함으로써 교회를 유익되게 하는 일 외에는 내가 다른 목적이 있지 않았다"⁷고 말한 것처럼 그는 교리를 통한 기초적인 사실들을 전달함으로써 종교에 열심을 가진 사람들을 참된 경건에 이르게 하는 것이 목적이었다.⁸

하이델베르크 신앙 교육서의 저자 우르시누스 역시도 마찬가지였다. 우르시누스의 하이델베르크 신앙 교육서를 소개한 존 네빈((John W. Nevin)이 "깊은 경건의 정서가 마치 지하수처럼 처음부터 끝까지 그 모든 가르침을 통하여 흐르며, 이것이 그 스타일 자체에 아주 독특한 위엄과 힘을 불어넣어 준다"⁹고 말한 것처럼 우르시누스도 교인들의 무지를 씻어내고 신앙과 신학의 통일을 이루며 경건에 이르기 위해 신앙 교육서를 작성했다. 교리를 삶의 형식으로 인식하고 제시함으로써 신앙 교육서는 경건을 회복하기 위한 수단이었다.

셋째, 그래서 신앙 교육서의 핵심은 "신조들은 성경의 교훈들을 요약해 주고, 성경의 올바른 이해에 도움을 주며, 성경 과목을 가르치는 자들을 하나로 묶어 주고, 거짓된 교훈과 생활을 막아내는 데 있어서 공적 표준으로서의 방패가 된다"¹⁰고 필립 샤프가 말한 것처럼 크게 하나님을 아는 지식과 교리의 일치, 경건에 이르는 참된 신앙으로 나눌 수 있다. 칼빈은 당시 몰락한 기독교를 위하여 신앙 교육서가 유용하다고 생각했으며 그 신앙 교육서를 통해 다양한 문화, 다양한 지역에 분산되어 있는 교회들이 그리스도와 관련된 일치된 교리를 간직하고 경건에 이르는 참된 신앙을 습득하게 되길 원했다.¹¹

---

7   존 칼빈, 『기독교 강요 상』, 12.
8   존 칼빈, 『기독교 강요 상』, 16.
9   Zacharias Ursinus, 『하이델베르크 요리문답 해설』, 27.
10 Philip Schaff, 『신조학』, 12.
11 John Calvin, 『요한네스 칼빈의 제네바 교회의 교리문답』, 35-37.

그래서 본서는 16세기 제네바와 독일이 현대 교회와 비슷한 상황과 환경에 있었다는 이유로 16세기에 그 해결 방안으로 만들어진 신앙 교육서의 비교 연구를 통해 현대 교회개혁의 소망을 삼고자 하였다. 제네바 신앙 교육서와 하이델베르크 신앙 교육서는 16세기 개혁교회의 역사적, 학문적 발전이 최고조에 이른 시기의 신앙적 삶의 산물이다. 개혁주의 신앙 교육을 대표하는 종교개혁의 핵심적 유산이라 할 수 있다.

한국 교회의 문제는 16세기 제네바와 독일이 그랬던 것처럼 교리 교육의 부재로 설명될 수 있다. 신조의 채택은 성경적인 교회론을 확립하는 근원적 힘임에도 불구하고 오늘날 교회는 신조와 상관없는 교회론 쪽으로 나아가고 있다. 한국 교회와 기독교인들은 영적 가치, 신앙적 가치를 말로만 외칠 뿐 자유주의적 신앙, 기복적인 신앙, 윤리적이고 율법적인 신앙에 빠져 실제로는 성공주의, 물질주의 등 세속적 가치에 집착하고 있고 음란과 불법이 교인과 강단을 점령함으로 경건을 상실하였다.

교단별 갈등이나 교단 내부의 갈등이 많은 것은 물론이고 교단을 초월한 교인의 수평적 이동 현상과 함께 많은 교인이 구원과 은혜의 방법과 수단에 대해서 무지한 상태이다. 교리문답을 공식적으로 채택하고 있는 장로교만 해도 교리 교육이 전혀 없는 실정이다. 오늘날 교인들이 교회에서 배우는 것은 교리가 아니고 교회생활이다. 정확하게 교리를 배울 곳이 없다.

오늘날 유행처럼 교회에서 사용하고 있는 전도 책자나 양육교재를 비교해 보면 그 깊이나 내용에 있어 얄팍하고 피상적이며 너무도 상업적이다. 신앙 교육으로 학습 및 세례자를 위한 단편적이고 형식적인 교육만을 시행함으로 약식 교리 교육의 이미지를 벗어날 수 없으며 성장주의에 현혹되어 본질적 사명은 저버린 교회의 교육은 부흥을 위한 하나의 도구로 전락하고 말았다.

제대로 된 신앙 교육을 받지 못함으로 경건의 능력, 복음의 능력을 상실해가고 다른 교리에 빠져 삶이 피폐해지고 타락과 부패 가운데 있다. 교리를 가르치는 일을 등한시하기 때문에 아무리 오래 믿어도 신앙의 견고함이 없고 얄팍한 종교의 체험을 따라 이리저리 흔들리는, 감성적이고 나약한 영향력 없는 그리스도인들이 만들어지고 있는 것이고 신앙 교육서를 채택하고 연구하므로 교리의 확립과 교회의 개혁을 이루기보다는 종교적 감정과 생활을 더 강조하여 신조 없는 교회, 신앙고백이 없는 교회를 만들어 가고 있다.

　현대 교회와 비슷한 상황에 부닥친 16세기 제네바와 독일이 그것을 개혁하고자 제네바 신앙 교육서와 하이델베르크 신앙 교육서를 종교개혁의 핵심적인 위치로 올려놓았다. 종교개혁의 핵심적 위치에 자리 잡은 두 신앙 교육서는 그 역할을 충실히 수행하여 성경의 핵심들을 요약해주고 성경의 올바른 이해에 도움을 주며 무엇보다 이단으로부터의 거짓된 교훈과 거짓 신앙과 생활을 막아주는 중요한 역할을 하였다.

　또한, 교회들이 그리스도와 관련된 일치된 교리를 간직하며 교리를 삶의 형식으로 인식함으로 경건에 이르는 참된 신앙을 습득하게 되었고 당시 제네바의 개혁교회를 수립하고 유럽의 교회들을 개혁하는 데 영향을 줌으로 몰락한 기독교를 개혁하고 부흥시켰다. 이러한 효과들이 한국 교회에도 적용돼서 세속적 가치에 물든 교회의 타락과 부패, 경건의 상실, 교인들의 구원과 은혜의 방법과 수단에 대한 무지 등 현대 교회의 당면한 문제들이 해결되기를 바라며, 한국 교회의 기초가 신앙 교육서를 통하여 다져지고 초대 교회가 가졌던 신앙의 모습으로 돌아가 교회의 순결, 경건을 회복하기를 바란다.

참고 문헌

I. 국내 서적

김남석. 『칼빈주의 연구』. 서울: 백합출판사, 1979.
김남준. 『교사 리바이벌』. 서울: 두란노, 2006.
김영재. 『기독교 교회사』. 수원: 합동신학대학원출판부 2005.
_____. 『교회와 신앙고백』. 서울: 성광문화사, 1989
_____. 『Happy Birthday 칼빈』. 용인: 킹덤북스, 2012.
_____. 『칼빈의 삶과 종교개혁』. 서울: 이레서원, 2001.
_____. 『개혁 신학의 전통과 유산-개혁 신학 광맥』. 용인: 킹덤북스, 2012.
김홍만. 『선택 받음』. 서울: 생명의말씀사, 2008.
_____. 『당신의 구원을 점검하라』. 서울: 지평서원, 2009.
_____. 『개혁신앙으로 돌아가라』. 서울: 도서출판 옛적길, 2004.
박일민. 『개혁교회의 신조』, 서울: 성광문화사, 1998.
오덕교. 『종교개혁사』. 수원: 합동신학대학원출판부. 2005.
_____. 『장로교회사』. 수원: 합동신학대학원출판부, 1995.
유해무·김헌수. 『하이델베르크 요리문답의 역사와 신학』. 서울: 성약, 2006.
이승구. 『하이델베르크 요리문답 강해시리즈. 진정한 기독교적 위로』. 서울: 나눔과
    섬김, 2011.
이원규. 『한국 교회의 현실과 전망』. 서울: 성서연구원, 1996.
이종성. 『칼빈』. 서울: 대한기독교출판사, 1978.
정성구. 『칼빈의 생애와 사상』. 서울: 세종문화사, 1980.
_____. 『칼빈주의 사상 대계』, 서울: 총신대학출판부, 1995.
정일웅. 『21세기를 향한 한국 교회와 실천신학』. 서울: 이레서원, 2002.
_____. 『종교개혁 시대의 기독교 신앙의 가르침』. 서울: 한국로고스연구원, 1991.
최윤배 외3인, 『16세기 종교개혁과 개혁교회의 유산』, 서울: 한국장로교출판사, 2003.
최재선 외 5인. 『현대사회와 종교』. 서울: 바울서신사, 1991.

2. 번역 서적

『하이델베르크 요리문답』. 독립개신교회 교육위원회 옮김. 서울: 성약출판사, 2004.
디모디 토우 지음. 『존 칼빈의 생애와 업적』. 임성호 옮김. 서울: 하나출판사, 1998.
빌렘 판엇 스페이커르. 『칼빈의 생애와 신학』. 박태현 옮김. 서울: 부흥과개혁사, 2009.
『신앙고백서』. 지원용 옮김. 서울: 컨콜디아사, 1988.
존 칼빈. 『기독교 강요 상』. 원광연 옮김. 고양: 크리스챤다이제스트, 2003.
Gruster, F.A. 『하이델베르크 요리문답에 나타난 기독교 신앙』. 이승구 옮김. 서울: 여수룬, 1993.
Calvin, John. 『구약성경 주석 7』. 존칼빈성경주석출판위원회. 서울: 성서교재 간행사, 1845.
_____. 『요한네스 칼빈의 제네바 교회의 교리문답』. 박위근 · 조용석 옮김. 서울: 한들출판사, 2010.
Spitz Lewis W. 『종교개혁사』. 서영일 옮김. 서울: 기독교문서선교회, 1997.
Schaff, Philip. 『신조학』. 박일민 옮김. 서울: 기독교문서선교회, 2000.
_____. 『교회사 전집 8』. 박경수 옮김. 고양: 크리스챤다이제스트, 2004.
Wendel, Francois. 『칼빈: 그의 신학 사상의 근원과 발전』. 김재성 옮김. 서울:크리스챤다이제스트, 1999.
William, Ames. 『신학의 정수』. 서원모 옮김. 고양: 크리스챤다이제스트, 1992.
Bouwsma, W.J. 『칼빈』. 이양호 · 박종숙 옮김. 서울 : 도서출판 나단, 1991.
Ursinus, Zacharias. 『하이델베르크 요리문답해설』. 원광연 옮김. 고양: 크리스챤다이제스트, 2006.

3. 외국 서적

Bavinck Herman. *Gereformeerde Dogmatiek*. Kampen: Uitgeverij, 1998.
_____. *Our Reasonable Faith*. trans. Henry Zylstra. Grand Rapids: Eedmans Pub. C0., 1956.

4. 정기 간행물의 논문들

권호덕. "하이델베르크 요리문답의 신학적 특징에 대한 연구".「장로교회와 신학」 (2007. 4)
김은아. "존 칼빈의 신앙 교육서를 중심으로 한 현대 개혁주의 기독교 교육 모델 연구". 총신대학교 교육대학원 신학석사학위 논문, 2008.
김재성. "칼빈의 삼위일체론, 그 형성과정과 독특성".「신학정론」. (2002. 20권 1호)
루터의 신학자료 "루터의 요리문답에 관한 설교",「Acts 조직신학회」(2006. 6)
서영광. "제네바 종교개혁에 있어서 칼빈의 정치 사상 연구". 대신대신학대학원 신학석사학위 청구 논문, 2009.
손삼권. "초기 카테케시스의 체제의 과정과 변화".「한국기독교교육정보학회 기독교교육정보」(2000. 창간호)
송맹섭. "존 칼빈의 교회개혁에 관한 연구-제네바 목회에 있어서 그의 예배개혁을 중심으로". 칼빈대대학원 신학석사학위 논문, 2007.
신원균. "스코틀랜드 신앙고백서와 웨스트민스터 신앙고백서의 교회론적 구조와 언약 신학적 특징에 관한 연구". 칼빈대학교대학원 신학박사학위 청구논문, 2009.
_____. "개혁교회를 위한 신조연구".「개혁 신학 포럼」, (2011. 6.)
신철휴. "칼빈의 제네바 종교개혁의 성격-칼빈의 이상과 현실". 서울성경신학대학원 신학석사학위 논문, 2007.
이경화. "학생 요리문답의 신학적 분석 및 한국에서의 적용 가능성 연구". 계명대학교 대학원 신학박사학위 논문, 2010.
이재근. "칼빈과 하이델베르크 요리문답의 율법 이해". 아세아연합신학대학원 신학석사학위 논문, 2005.
정일웅. "역사적 캐터키즘의 현대 목회적 적용에 대한 연구".「신학지남」(1997. 겨울)
채계관. "존 칼빈의 제네바 요리문답서".「개혁주의 학술원」
황병만. "칼빈의 성화론과 사회 윤리적 적용". 국제신학대학원대학교 신학석사학위 청구논문, 2010.

CLC 교리 도서 안내

❶ 기독교 교리사

어니스트 클로체 지음 | 강정진 옮김 | 국판 | 546면

❷ 성경 핵심 교리

웨인 그루뎀 지음 | 김광연, 곽철근 지음 | 신국판 양장 | 872면

❸ 기독교 교리 이해

앨리스터 맥그래스 지음 | 정진오 올김 | 신국판 | 248면

❹ 개혁주의 교리사

김학관 지음 | 신국판 | 424면

❺ 웨스트민스터 소교리문답과 거룩한 생활

홍인택 지음 | 신국판 | 168면

❻ 웨스트민스터 대요리문답 강해

정규철 지음 | 신국판 양장 | 580면

❼ 웨스트민스터 신앙고백서

나용화 지음 | 신국판 | 416면

❽ 웨스트민스터 신앙고백서 해설

장재철 지음 | 신국판 양장 | 232면

❾ 신조학

필립 샤프 지음 | 박일민 옮김 | 신국판 | 270면

❿ 고백하는 교회를 세워라

김산덕 지음 | 신국판 | 400면

❿ 주제로 보는 개혁파 신앙고백 신조

김산덕, 서재주 지음 | 크라운판 | 320면

❿ 칼빈의 제1차 신앙교육서

존 헤셀링크 지음 | 이승구, 조호영 옮김 | 신국판 양장 | 512면

❿ 칼빈의 기독교 강요 신학

데이비드 W. 홈, 피터 A. 릴백 지음 | 나용화 외 옮김 | 국판 | 632면 | PNR

❿ 존 칼빈의 유산

데이비드 W. 홈 지음 | 김현수 옮김 | 국판변형 | 168면 | PNR

❿ 하이델베르크 신앙문답의 신학

라일 비엘마 지음 | 위거찬 옮김 | 신국판 | 540면